네이버 스마트 스토어

월 수입 **1,000만원** 도전하기

NAVER 파워셀러와 함께하는

네이버 스마트 스토어

남선미 글

월 수입 1,000만원 도전하기

푸른영토

프롤로그

정말 한 달에
천만 원을 벌 수 있을까?

'스마트스토어로 월 천만 원 벌기!'

한 번쯤은 보았고 들어봤을 것입니다.

저 역시 이 문구를 보고 스마트스토어에 관심을 가지고 도전을 하게 되었으니까요.

겁도 없이 사전 지식도 없이 의욕만 앞서서 도전했어요.

리스크도 적고 쉽게 시작할 수 있다는 이점에 매료되어 바로 사업자부터 내고, 사전 조사도 없이 스마트스토어라는 치열한 세계로 뛰어들었지요.

현실은 생각보다 녹록지 않더군요. 책에서 나오지 않았던 이야기들과 사건들도 많았고, 상품 등록하는 것부터 방법들이 모두 달라서 많은 시행착오를 거친 후에야 제대로 상품 등록할 수 있었어요. 제품 소싱부터 등록, 판매까지 영상과 책에서 이야기하는 것처럼 쉽지만은 않아 하나부터 열까지 시행착오를 겪어가며, 많은 경험들을 하면서 다시 차근차근 밟아나갔어요.

스마트스토어에 '도전해 볼까?' 마음먹으셨거나 이미 도전은 했는데 방향을 못 잡고 헤매시나요?
'월 천만 원 벌기'는 가능하지만 쉽게 금방 되는 것이 아니더라고요. 결과만 놓고 쉽게 이룬 것처럼 나오는 광고성 문구나, 성공 사례들로 인해 스마트스토어를 시작만 하면 천만 원은 금방 벌 것 같잖아요? 그런데 막상 시작해 보면 많은 벽에 부딪히며 좌절과 절망을 하게 되는 일이 다반사예요.
그러면서도 "이건 아니야!" 하고 포기했다가 또 시간이 지나 다른 사람의 성공 사례를 보면 다시 도전하기를 반복하게 되는 묘한 매력이 있는 분야이기도 하고요.
저 역시 많은 분들의 성공 사례를 봐왔어요.
꿈과 희망을 품게 하고 설렘을 안겨주더라고요.
그 희망으로 또 도전하게 되죠.

그런데 자꾸 보다가 느낀 것은 그분들도 진짜 열심히 해서 이룬 결과이고 순식간에 올라간 것이 아닌데, 결과 지향적으로 나오다 보니 단시간에 이룬 것 같은 착각을 일으키게 되더라고요.

'광고나 책에서 알려주지 않은 것이 많았구나'를 몸소 느낀 후, 편하게 옆집 언니가 알려주듯 실용서에서는 볼 수 없었던 리얼리티 이야기들을 전해드리고 싶었어요. 실용서에 나오는 기술적인 이야기들은 이미 많이 볼 수 있고, 검색만 해도 나오지만, 누구나 겪을 수 있는 이야기, 겪을 수밖에 없는 소소한 이야기들은 쉽게 찾아볼 수가 없을 겁니다.

그래서 제가 경험한 것 위주로 스마트스토어의 실제 운영 사례와 고객 응대 사례들, 그리고 성과까지 현실적으로 알려드리고 싶어서 책을 쓰기로 마음먹었어요.

처음에 온라인 쇼핑몰을 시작하고 나서는 구매만 해봤지 판매 경험이 없었던 터라 작은 일들은 어디 물어볼 곳도, 상의할 곳도 없어 너무 답답했습니다. 이 답답함을 조금이라도 풀어드리고 싶은 게 솔직한 마음이기도 하고요.

초보자 분들을 위한 스마트스토어 강의를 하면서 공통적으로 접하는 사례들도 있고 특이 사례들도 있지만, 처음 운영하시는 분들은 생각지도 못한 작은 사건들에 부딪히면 헤쳐나가기 힘들어하더군요. 누구나 그럴 겁니다.

누구나 가능하다고 이야기하는 월 천만 원!

결과만 보지 말고 과정을 꼭 기억하면서 차근차근 나아간다면 당신도 할 수 있습니다.

좌충우돌과 시련을 받아들일 준비는 꼭 하시고요.

'아~이런 일도 있구나, 이런 경험도 할 수 있구나!' 하고 간접적으로나마 겪어보고 시작한다면 훨씬 유연하게 대처할 수 있으리라 믿습니다.

처음 시작해서 막막하시거나 시작해 볼까 고민 중이시라면 더욱 이 책이 도움 되실 겁니다. 알고 시작하는 것과 모르고 시작하는 것의 차이는 생각보다 큽니다.

점점 온라인이 주를 이루고 있어서 포화 상태라고 느껴지지만 온라인이 수익화가 잘 되고, 리스크가 적고, 시간 활용의 장점이 있어 아직도 무한대로 성장 중인 시장입니다. 겁먹지 말고 두려워도 마시고 도전해 보실 수 있도록 저의 성장기를 이 책에 담아봤습니다.

아무것도 몰랐던 저도 할 수 있고, 저의 첫 수강생분들도 많은 수익을 내고 계십니다.

저의 경험담이 여러분들에게 힘이 되고 도움이 되길 바랍니다.

그럼 파이팅을 함께 외쳐봅시다!

프롤로그 | 정말 한 달에 천만 원을 벌 수 있을까? … 4

PART 1 | 알을 깨다

가만히 있자니 불안이 찾아왔다	15
알아두면 좋아요! 가비야의 추천 경영 도서	19
성공의 기준을 '돈'에 두면 벌어지는 일	20
2분 만에 나온 사업자등록증, 이틀 걸린 통신판매 신고	24
알아두면 좋아요! 구매안전확인증 발급 받기	30
대박날 줄 알았던 대량등록	32
대한민국 아줌마 파워는 이런 거야	39
알아두면 좋아요! 크롬에서 잠겨있는 이미지 저장하는 법	42
이번 주는 지우고 오셨어요?	45
어렵기만 했던 상품명 키워드	49
100일간의 키워드 만들기 도전	55

알아두면 좋아요! 키워드 체크포인트	63
생각보다 쉽지 않았던 상품 등록	64
상세페이지와 친해지면 매출이 늘어난다	69
마흔 넘어 느껴보는 '100일의 기적'	74
밤바다와 함께 찾아온 첫 주문	80
똥줄 태우는 송장 번호	85
교환 접수에 철렁, 반품 접수에 뜨헉	91
알아두면 좋아요! 도매매 플랫폼이란?	97
날 들었다 놨다 하는 위탁업체	98
초보 셀러에게만 접근하는 버섯 진상	102
알아두면 좋아요! 초보 셀러에게 접근한 작은 사례들	110
내가 나이가 많아서 카드 결제를 할 줄 몰라요	111
전화번호 분리하니 세상 편하네	116

PART 2 | 고치를 트다

시작한 지 2개월 만에, 일 매출 200만 원을 찍다 125

알아두면 좋아요! 빠르게 판매 정산을 받는 법 129

마케팅 없이 이뤄낸 '파워 등급' 130

알아두면 좋아요! 스마트스토어 추가 개설하기 135

대표 남선미 136

위탁업체 대표와의 첫 대면 139

알아두면 좋아요! 위탁업체와 직접 거래하는 법 144

내가 나서서 수입하고 말지! : 중국 소싱 147

제조도 해볼까? : ODM 152

뒤통수치는 경쟁 업체를 대하는 자세 157

SNS 공동구매가 내게 준 깨달음 161

얼떨결에 스마트스토어 도우미가 되다 166

알아두면 좋아요! 스토어 상품명 작성 시 주의할 점 170

정보의 바다에서 헤매는 실버세대를 위하여 171

PART 3 | 날아 오르다

재능기부로 탄생한 나의 부캐	179
• 가비야의 스마트스토어 초급반 커리큘럼	181
나만의 제품을 제작하다	185
월 매출 2,000 달성, 벌어서 선물하는 기분이란!	189
100명이 신청한 첫 정규 수업	192
스승의 날 받은 기프티콘, 그리고 다짐	196
나도 이제 하루에 딱 4시간만 일하려고	199
알아두면 좋아요! 월 천만 원 벌기 위한 계획 세우기	201
영업 중지된 스마트스토어를 되살리는 심폐소생술	204
성공에 다가서는 꿀팁	209

에필로그 | 스마트스토어로 얻은 것은 '돈'뿐만이 아니었다 … 212

PART **1**

알을 깨다

Smartstore Knowhow 01

가만히 있자니 불안이 찾아왔다

"하루하루 반복되는 날들, 의미를 찾을 수가 없어~~."

오래전 나의 귓가를 사로잡았던 현진영의 노래가 라디오에서 흘러나온다. 흥얼흥얼하며 어깨를 흔들어가며 대충 끼니를 때운 흔적을 치우고 있다.

"노랫말이 내 얘기 같군…. 저 때는 나 역시 굴러가는 낙엽만 봐도 웃는다는 그런 시절이었지."

음악이 주는 힘에 감탄하며 잠시나마 10대로 돌아갔다가 바로 현실로 돌아왔다. 카드 대금과 각종 세금 그리고 아이들 학원비가 빠져나갔다는 문자 내용을 보며 편의점으로 가기 위해 오늘도 어김없이 집을 나섰다. 햇살은 눈부시고 하늘은 바다를 그대로 옮겨 놓은 것처럼 투명하기만 하다. 집에서 30분 정도 운전하니 이제는 눈 감고도 가는 나의 13년 차 일터 편의점이 나왔다.

졸업 준비를 하던 직원이 그만두고 오후반 직원을 구하지 않은지 6개월이 지났다. 여기 편의점은 근처 아파트 단지가 많아 장사가 안 되는 것은 아니라, 직원을 구하려면 구할 수도 있었겠지만 인건비가 문제였다. 돈이 벌려도 늘 돈이 없었다. 학원비다 뭐다 돈 들어갈 곳이 천지였다. 내가 직접 일하는 게 속이 편했다.

편의점에 들어와서 이것저것 물품들을 정리하다가 갑자기 돈을 생각하니 또 한숨이 나왔다. 물 한 잔을 마시고 자유롭게 흘러가는 구름을 멍하니 바라보며, 돈에 대한 여러 가지 복잡한 생각들을 뒤로한 채 시간을 때울 겸 유튜브에 접속했다. 메인에 뜬 화면 하나에 눈을 멈췄다.

〈부자가 되려면 이것부터 해라!〉

어떻게 내 마음을 알은건지 새로운 수익 창출을 하고 싶었던 나였기에 망설임 없이 클릭했다. 영상에서 나온 내용은 부자가 되려면 우선 부자의 마인드를 가져야 한다고 했다. 그리고 그걸 세팅할 수 있게끔 도와주는 게 독서와 자기 계발이라고 했다. 세미나에 가거나 강의를 듣는 것도 좋지만 독서를 우선으로 하라며 여러 권의 책들을 권해줬다.

생각해보니 마지막으로 읽어본 책이 뭐였는지 기억도 나지 않았다. 그래도 일단 무슨 마음인지 바로 온라인 서점에 들어가 책을 구입했다. 가만히 있는 것도 이제 지겨웠다. 변화를 시도해 보고 싶었다. 계속 안주하고만 있기에는 불안했다. 경기도 불안정하고 커가는 아이들을 보면 빨리 자리를 잡아야겠다는 생각이 들었다. 하나씩 뭐라도 해보고 싶었다.

그때부터 편의점에 갈 때 늘 책을 들고 다니며 읽기 시작했다. 조용한 시간에 영화나 보던 내 모습과는 사뭇 다른 느낌이 들었다. 왠지 좀 지적인 느낌이랄까? 처음에는 어수선한 분위기에 눈에 들어오지 않는 글자들이 미웠지만 읽고 또 읽었다. '후~, 나 책 읽는 여자야'라며 책 읽는 내 모습을 슬쩍 보는 손님들의 시선도 즐기면서 말이다.

얼마나 지났을까. 책의 반 정도 읽었을 무렵 멍하니 읽다가 돌아가서 다시 읽고 글자만 보다가 또 읽는 것을 반복했다. 내용이 머릿속으로 들어오지 않았다. 마치 햄스터가 쳇바퀴를 돌 듯이 글을 읽지만, 머릿속에 맴맴 돌기만 했다. 책을 덮어버리고 싶었으나 여기서 그만둘 순 없었다.

'책 하나 제대로 못 읽으면서 뭘 하겠다고…'라고 자책하며 참고 참으며 읽다 보니 드디어 한 권을 다 읽었다. 끝까지 읽어낸 나

자신이 기특해서 기분이 좋았고 동시에 설렘도 느꼈다. 얼마 만에 느껴보는 두근거림인지 모르겠다. 한 권을 다 읽는데 한 달 가까운 시간이 걸렸지만, 점점 시간이 줄 것이라고 확신하면서 다음 책을 또 펼쳤다.

한 권의 책을 읽었다고 해서 금방 부자가 되는 것도 아니고 현실이 확 바뀌는 것은 아니지만, 뭔가 모르게 조금은 마음이 달라져 가고 있음이 느껴졌다. 이래서 독서하며 마인드셋을 하라고 하나 보다. 게다가 첫 장, 두 번째 장, 세 번째 장…. 책의 마지막 장을 덮는 순간, 아주 단단한 기분이 들었다. 독서도 오랜만이지만 이런 기분 좋은 느낌, 굉장히 오랜만이었다.

 **알아두면 좋아요!**

가비야의 추천 도서

1. 부의 추월차선 — 엠제이 드마코
2. SNS로 부자가 된 사람들 — 게리 바이너척
3. 설득의 심리학 1.2.3 — 스티븐 뉴버그
4. 슈독.나이키 창업자 필 나이트 자서전 — 필 나이트
5. 프레임 — 최인철
6. 타이탄의 도구들 — 팀 페리스
7. 시작의 기술 — 개리 비숍
8. 부의 추월차선 언스크립티드 — 엠제이 드마코
9. 기버1.2 — 밥 버그, 존 데이비드 만
10. 철학은 어떻게 삶의 무기가 되는가 — 야마구치 슈
11. 나는 4시간만 일한다 — 팀페리스
12. 부자의 그릇 — 이즈미 마사토
13. 생각의 비밀 — 김승호
14. 아비투스 — 도리스 메르틴
15. 드림 온 — 김미경

Smartstore Knowhow 02

성공의 기준을 '돈'에 두면 벌어지는 일

유난히 햇살이 따스한 오후, 밀려오는 졸음을 깨우려 커피 한 잔 내리고 시계를 바라본다. 아직 눈에 띄게 달라지거나 시작된 것은 없지만 내가 노력하며 변화해 가고 있다는 자체에 신이 났다. 내가 궁금한 것을 알기 위해 이렇게 스스로 공부하는 것은 처음이었다.

지치지도 않고 재미가 있다니 신기했다. 평생을 살아오며 해야 하니까 하는 공부만 해봤지, 이렇게 주도적으로 드라마 볼 시간도 반납해가면서 책을 읽는 것은 처음이었다.

경제 관련 도서를 읽어나가다가 잠시 머리를 식힐 겸 휴대폰을 켰다. 카톡에다 의미 없는 대화에 대답을 보내고 있는데 예전에 한

동네 살았던 언니에게 카톡이 왔다. 언니는 어떤 영상 하나를 보내줬다. 한눈에 광고처럼 보인 카톡을 그냥 넘어가려고 하는데 '평범한 주부의 월 천만 원 버는 방법'이라는 섬네일thumb nail, 그래픽 파일의 이미지를 소형화한 것이 내 눈을 사로잡았다.

나도 모르게 그 영상을 클릭했다. 그런데 그것은 미리 보기 광고였다. 그 광고에서 강사는 지금 많은 문화와 경제들이 온라인을 향하고 있다고 했다. 우리 40대들은 온라인에서도 오프라인에서도 자리 잡기 힘들다며, 어차피 힘들 것이라면 앞으로 더 전망이 있는 온라인으로 눈길을 돌려 보라며 도전해 보라고 했다. 그중에서도 가장 현실적으로 수입을 바로 낼 수 있고 마음만 먹으면 월 천만 원도 번다는 그것을 하라고 했다. 그것은 바로 네이버의 '스마트스토어'였다.

광고가 끝나고 화면은 멈췄지만 스마트스토어에 대한 생각은 멈추지 않았다. 오히려 호기심을 포함한 관심이 생겼다.

'온라인에서 직접 운영하는 가게 개념인 스마트스토어라면 수익 창출도 하고 나만의 일을 한다는 설렘으로 시작할 수 있지 않을까? 이미 포화상태라고 하지만 그 무언들 포화상태가 아니겠는가. 가만히 있기보단 도전이라도 해봐야 미련이라도 없지. 어느 시장에서든 살아남는 사람이 있고 실패하고 떠나는 사람이 있는 법. 그 시장에서 어떻게든 성공하려고 노력하면 되지 않을까?'

불현듯 '성공이란 무엇일까?'라는 생각에 잠시 빠졌다.

얼마를 벌어야 성공했다고 할 수 있을까? 적어도 월 천은 벌어야 하나? 그 정도 되면 성공한 것이라고 할 수 있을까? 성공의 기준은 저마다 다르겠지만 그 기준을 단순히 돈으로만 환산하고 싶진 않았다. 물론 돈을 많이 벌면 행복할 수도 있겠지만 아이러니하게도 성공의 기준을 액수에 맞추고 싶진 않았다.

여태 많은 일들을 해왔다. 20대일 때는 학습지 교사를 했었다. 당시 사무직 월급이 80만 원 정도 할 때였는데 난 300~400만 원 이상 벌었다. 학습지 시장이 막 성장하던 때라 가능하던 것이기도 했지만, 누구보다 일찍 출근하고 늦게 퇴근하며 내 몸을 불살라가며 일한 덕이기도 했다. 그땐 그게 최선이고 성공의 가도를 걷는 줄 알았다. 그런데 통장에 쌓여가는 숫자만큼 업무 스트레스로 웃음을 잃어갔고, 초췌해져 가는 내 모습을 보는 순간, 이건 성공으로 가는 길이 아니라 성공인 줄 착각하고 걸어가는 외나무다리 위 같았다.

모두들 말렸지만 사표를 내고 나를 찾기 위해, 잃어버린 웃음을 찾기 위해, 다양한 분야의 일들과 자격증 공부를 해왔다. 멋있게 돈을 벌고 싶었다. 돈의 노예가 아닌 나를 찾을 수 있는 수익 창출을 하고 싶었다.

새롭게 시작하는 스마트스토어가 나에게 어떤 영향을 줄지 내

삶을 어떻게 변화시켜놓을지는 모르겠지만, 시간과 장소에 구애받지 않고 할 수 있다는 것에 매력을 느끼며 도전해 볼 만한 가치를 느꼈다.

해가 뉘엿뉘엿 넘어가며 온 세상을 금빛으로 물들이는 모습을 보며 생각에 잠겼다. 자기 계발 책과 자수성가한 분들의 성공 신화 이야기를 읽어 내려가며, 나도 언젠가 저렇게 되고 싶다는 열망에 읽고 또 읽으며, 기준을 다시 세워야겠다고 생각했다.

'성공의 기준을 돈에 두지 말자. 내가 성장하고 있고 원하는 길을 향해 포기하지 않고 달려간다면 그에 따른 보상은 저절로 올 것이다. 돈만이 중요한 것이 아니다. 시스템을 갖추고 긍정적인 마인드로 나라는 사람을 성장시켜보자. 나의 존재 가치와 강점을 찾아 나아간다면 그것이야말로 진정한 성공일 것이다.'

"그래, 좋다. 천만 원을 벌든 벌지 못하든, 스마트스토어! 까짓것 일단 시작해 보자!"

Smartstore Knowhow 03

2분 만에 나온 사업자등록증, 이틀 걸린 통신판매 신고

스마트스토어를 해야겠다는 다짐을 하고 얼마 지나지 않아 세무서로 향했다. 두근거리는 마음을 안고, 야심 차게 신분증과 주민등록등본 그리고 도장을 들고 내 이름으로 된 사업자를 내러 가는 아침은 기분이 묘했다. 소풍 가는 날처럼 설레고 첫사랑을 만나러 가는 것처럼 떨렸다.

"어떻게 오셨어요?"
"사업자등록증 신청하러 왔어요."
"그럼, 번호표 뽑고 저기 서류 작성하시고 대기해 주세요."

서류 작성하고 기다리면서 둘러보니 '사업자등록증'을 발급하는 분들보다 폐업 신고를 하는 분들이 더 많았다. 특히 온라인 쇼핑몰 폐업이 내 앞에 줄줄이었다. 순간, '내가 너무 막무가내로 덤비는 건 아닐까?'라고 생각하니 덜컥 겁도 났다. 하지만, 사실 난 직진형이라 일단 지르고 보는 스타일이긴 하다. 사람들을 보며 이런저런 걱정하는 사이 번호판에 내 번호가 나왔다.

"안녕하세요. 사업자등록증 내러 왔어요."
"네. 작성하신 서류 주세요. 이렇게 해드리면 되죠?"
"네."
2분 만에 사업자등록증이 내 손에 들어왔다. 만감이 교차했다. 일이 빨리 끝나버려서 살짝 민망했지만 내 이름 적힌 사업자등록증을 보니 가슴이 찡했다.
"감사합니다. 아 근데 통신판매업은 어떻게 내면 되나요?"

'통신판매업'을 받으려면 사업자 통장을 만든 후 '에스크로Escrow' 서비스에 가입하고, 그걸 가지고 관할 구청으로 가면 된다고 한다. 에스크로가 뭐냐고 물어보니 통신판매를 하기 위한 것이라고 한다. 검색해 보니, 구매자와 판매자 간 신용관계가 불확실할 때 제삼자가 상거래가 원활하게 이루어질 수 있도록 중개하는 '매매 보호 서비스' 라고 나와 있었다.

은행에 가서 '사업자 통장'을 만들고 에스크로를한 신청 후 통신판매업을 신고하면 된다. 아무리 직진이라도 사전 조사 없이 세무서에 가면 다 되는 것으로 생각했는데 내 생각이 짧았다. 에스크로는 지정된 은행에서만 가능했다.

가장 가까운 은행은 이곳에서 차로 30분 거리에 있었다. 그 은행을 찾아가 사업자 통장을 만들고 공인인증서를 등록한 뒤 에스크로에 가입하고 나니 반나절이 훌쩍 지나있었다. 시계를 보자 힘이 빠졌다. 바로 가서 사업자 내고 통신판매 신고를 하면 끝이라고 생각한게 잘못이었다.

오후 3시가 지나도록 커피 하나로 버틴 굶주린 위장에 미안했다. 곧바로 근처 식당으로 향했다. 속이 꽉 찬 김밥 하나를 입에 넣고 체할까 꼭꼭 씹어 먹으며 오늘의 일을 되씹어보았다.

사업자등록증을 신청하기 전 간단하게 검색해 보고 출발은 했지만 역시 검색과 현실은 달랐다. 아니 엄밀히 말하면 내가 모르는 분야라서 검색해서 읽어봐도 이해가 되질 않았다. 사업자가 통신판매업인 줄 알고 있었으니 말이다. 사업자등록증을 내고 그 사업자로 통신판매업 신고를 한다는 것을 이해하지 못하고 갔던 것이었다.

우리 일들도 그러할 것이다. 분명 안다고 생각하고 시작했지만, 막상 현실에 부딪히면 생각지도 못한 일들로 틀어질 때도 있고 다른 길로 가고 있을 수도 있다. 하지만 물어보고 배우고 익히면서 몸소 부딪혀가며 헤쳐 나간다면 목표한 그 길로 결국 갈 수 있지 않을까.

주린 배를 채우고 다시 사업자등록증과 에스크로 승인받은 것을 들고 마지막 관문인 통신판매업 신고를 위해 구청으로 향했다. 그래도 오늘 안에는 마무리하니 감사하자라고 생각하며 출발했다.

"통신판매업 신고하러 왔는데요."
"네. 어디서 판매하실 건가요?"
"스마트스토어요."
"그럼, 스마트스토어에서 구매안전확인증 받아오셨죠?"
"네? 구매안전확인증이 뭐예요? 세무서에서 에스크로 인증받으면 된대서 그거 받아왔어요."
"아니에요. 판매하시는 사이트에서 받으셔야 해요."

머리가 하얘지면서 식은땀이 나기 시작했다. 이건 또 무슨 얘기일까. '구매안전확인증'이라고? 통신판매업은 에스크로라고 세무서에서 얘기해서 고생하며 받아왔는데 힘이 빠졌다. 10초간의 뇌 정지 상태를 벗어나서 심호흡을 몇 번 하고 다시 물었다.

"구매안전확인증이 뭐예요? 제가 여기 갔다가 저기 갔다가…. 오늘 하루 종일 다니다가 왔어요."

힘이 들어 울음이 터지기 직전이었다. 서럽기까지 했다. 편의점도 못 나가고 아르바이트생을 불러놓고 종일 왔다 갔다 했는데도 해결이 되질 않았다.

다행히 감사하게도 구청 직원분이 이번에는 두 번 걸음하지 않게 미리 서류 접수를 다 해주시고, 구매안전확인증을 받는 방법도 알려주면서 메일로 보내주면 처리해 주겠다고 하셨다. 심지어 통신판매업 허가증이 나오면 우편으로 보내주시겠다고까지 하셨다. 얼마나 감사하던지 몇 번이나 감사 인사를 하고 집으로 돌아왔다.

사업자를, 통신판매업을 나처럼 이렇게 종일 걸어서 왔다 갔다가 하며 발급받는 분이 있을까? 모르는 영역에선 진짜 까막눈이 따로 없다. 사실 사업자등록증과 구매안전확인증 통신판매업 신고가 '홈택스국세청 홈페이지, www.hometax.go.kr'에서 가능하다는 것도 그땐 알지 못했다. 나중에 알게 되고 나서 살짝 허무했지만, 홈택스도 잘하지 못하면 헤매는 것은 마찬가지 였을 것이다.

나는 '불필요한 경험은 없다'와 '내가 선택하고 한 일에 대해서 후회하지 말자'라는 내 신조를 스스로 믿는다.

친구에게 전화를 해 오늘 일들에 대해 한참 수다를 떨고 나니 속도 후련하고 하나의 일화가 만들어진 것 같기도 했다. 나중에 성공하면 나도 시작할 때 이랬다고 하며 초보자에게 얘기해 줄 수도 있을 테고, 정신없는 하루였지만 오늘은 내가 일반인에서 사업자 대표가 된 의미 있는 날이다.

쉽게 되는 것이 어디 있을까. 맨손으로 시작해 대기업을 이룬 분들도 있는데 거기에 비하면 이건 아무것도 아니었다. 그래도 무사히 시작했음에 만족한다. 사업자등록증을 보고 피식 웃으며 내일은 또 어떤 일이 일어날지 기대해 본다.

"오늘부터 나는 대표님이다!"

알아두면 좋아요!

구매안전확인증 발급 받기

1. 스마트스토어 가입하기

사업자가 있다면 사업자로, 없다면 개인으로 가입한다. 개인은 사업자 등록증을 발급 받은 후 사업자로 변환 신청이 가능하다. 사업자의 경우 '사업자등록증'과 '통장 사본'(개인 통장 가능), 그리고 '인감증명서'도 요구하는데 휴대폰으로 본인 인증 시 인감은 없어도 된다.

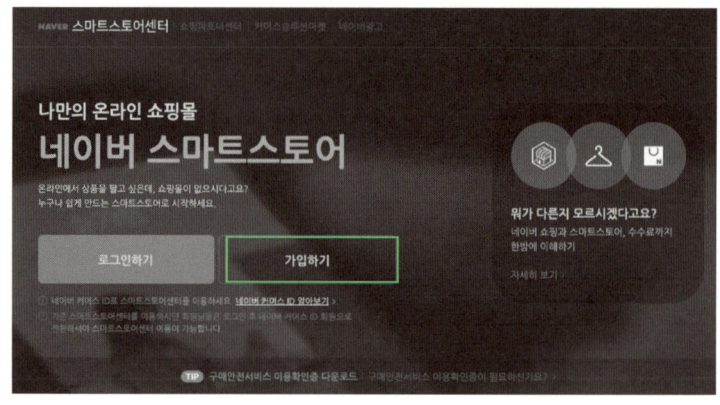

2. 사업자등록증에 있는 정보를 참고로 사업장 정보 작성

가입 후, 사업자 명의만 같다면 사업자 상호와 스마트스토어 상호명은 달라도 된다. 스토어 이름은 1회 수정 가능하니 관점에 따라 유동적으로 만들어도 된다.

3. 구매안전확인증 발급 받기

사업자등록증을 업로드 후, 판매자 정보에서 '심사내역 조회'를 클릭한 후, '구매안전서비스 이용확인증' 버튼을 클릭하여 다운로드 한다.

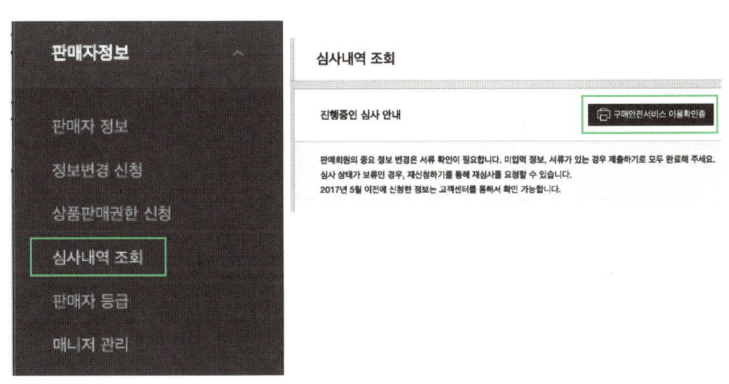

Smartstore Knowhow 04

대박날 줄 알았던 대량등록

 본격적으로 스마트스토어 강의를 찾아보았다. 나도 얼른 배워서 보란 듯이 돈도 벌고 멋지게 성장하고 싶었다. 밤새워 검색했다. 생각보다 스마트스토어를 운영하는 방법이 다양했다. 알려주는 분마다 스타일도 다르고 방법도 달랐다.

 무조건 도매시장에 가서 직접 사입해야 한다는 분, 제조사를 찾아가서 제품 소싱을 하라는 분, 온라인 도매 사이트에서 사입하라는 분, 중국 소싱을 해야 한다는 분, 해외 구매 대행을 하라는 분 등등 너무 다양했다.

 무슨 말인지 잘 이해도 안 갔고 시간도 오래 걸리고 복잡해 보이던 찰나, 우연히 상품 등록부터 접수 그리고 도매 사이트에 주문까지 자동으로 해준다는 솔루션 프로그램을 알게 되었다. 심지어 모든 제품이 주문 들어온 것만 결제하면 되는 시스템이었다. 그 사이트에 있는 만여 가지 제품이 모두 내 스토어에 등록이 가능하다는 것이었다.

아르키메데스가 욕조에서 우연히 깨달았던 그 환희가 이런 것이 아니었을까? 캄캄한 동굴 속에서 한 줄기 빛처럼 느껴졌다. 저 빛만 따라가면 내가 찾는 세상이 올 것이라는 희망이 내 머릿속을 가득 채웠다. 금광을 발견이라도 한 것처럼 신나서 30만 원이란 금액을 결제하고 솔루션 프로그램 교육을 신청했다. 돈을 벌 수만 있다만 이 정도 투자야 얼마든지 할 수 있었다. 금방 벌어서 채울 테니 말이다.

한 달간 프로그램 사용법을 강의해 주고, 그동안은 프로그램 사용도 무료라고 했다. 강의는 매주 토요일 오전 11시부터 오후 4시까지 서울에서 오프라인으로 진행되었다.

지방에 사는 나는 주말 새벽마다 서울로 교육을 받으러 갔다. 그것도 매주 혼자도 아니고 남편이 운전하고 둘째는 비몽사몽인 채로 말이다.

첫 주는 부푼 가슴을 안고 놀러 가듯이 새벽에 김밥까지 싸서 출발했다. 서울에 도착하니 오전 9~10시쯤이었다. 한강 근처라 남는 시간에는 사진도 찍고 희망에 들떠 마냥 좋았다. 강의가 끝날 때까지 아들과 남편은 서울을 구경하며 기다렸다. 한 달간 수강료보다 더 큰 비용을 경비로 사용했지도 잘 될 것이라는 희망이 있어서 즐거웠다.

수강 기간이 끝나면 3개월 단위로 프로그램 사용료를 결제해야 제품 등록이 가능하다고 하여 결제 후 최대한 많은 제품을 등록했다. 대량 등록 프로그램이다 보니 하루에 500개의 제품을 올리는 것은 일도 아니었다. 도매 사이트 제품을 내 스토어로 옮기는 것도 손쉬웠다. 그것도 한곳이 아닌 국내 모든 마켓이 모두 가능하다는 것이다.
신이 나서 국내 오픈마켓에 모두 가입하고 제품을 등록했다. '쿠팡'부터 '지마켓', '옥션', '인터파크', '11번가', '롯데온'까지 모든 곳을 등록하니 진짜 사업가가 된 것 같았다. 빨리 돈을 벌어서 주말마다 서울까지 운전해 준 고생한 남편에게 고생 끝 행복 시작을 알려주고 싶었다. 상상만으로도 어찌나 즐거운지 잠을 안 자도 피곤한 줄 몰랐다.

"이렇게 쉬운 거였어? 역시 사람은 배워야 해. 모르면 시작도 못 했을 거 아냐?"라고 감탄하고, 콧노래를 불러가며 제품을 등록했다. 이렇게 3,000여 개 정도 등록하고 나니 주문이 들어오기 시작했다.

"오! 이거였어! 이거였어!"

벅찬 마음에 떨리는 손으로 주문 전송을 했다.

〈error〉

에러가 뜬다. 순간 눈을 의심했다. 전혀 예상치 못한 상황이라 머리가 하얘졌다.

"품절이라고? 뭐야 어떻게 처리하지? 이런 건 안 알려줬잖아!"

같이 배운 동기 대표님들의 단톡방에 SOS 요청을 했다. 다행히 경험 많은 동기 대표님이 친절히 알려 주셨다. 다른 곳에 같은 제품을 판매하는지 찾아보고 있으면 일단 그거라도 보내주고, 없으면 품절 처리하고 고객님께 정중히 품절 안내와 사과 문자를 보내라고 하신다.

그런데 여기저기 다 뒤져봐도 품절이다. 그렇다. 다른 곳은 품절이고 내 것만 재고가 있으니 주문이 온 것이었다. 나는 구매자에게 품절 안내를 하고 제품을 삭제했다.

힘들었다. 이러한 상황이 며칠째 계속 반복되는 것이다. 사과 문자를 보내는 것도 어색했고, 내 잘못이 아닌 것 같은데 계속 죄송하다고 해야 하는 것도 쉽지 않았다. 심지어 품절 안내에 막말하는 구매자도 있어 상처만 오만상 받고 판매는 제대로 해보지도 못했다. "그런 것도 확인 안 하고 물건을 판매하냐"고, "그렇게 해서 장사 어떻게 하냐"고, "기본이 안 되었다"라고 한다.

구매자로선 화날 수도 있다지만 판매자 입장은 어디에도 없었다.

그래도 여기서 포기할 수 없었다. 하다 보면 달라질 것이라 생각하며 마음을 가다듬고, 심호흡하고 다시 상품을 등록했다.

지우고 등록하고 이렇게 한두 달을 보내다 보니 힘이 빠졌다. 품절 처리를 위해 프로그램 동기화하는 것도 몰라서 다시 물어보고, 등록한 제품을 동기화하는 데 하루 종일 걸리기도 했다. 너무 쉽게 보고 덤볐다. 시스템은 하나도 모르고 겉으로 보이는 것에만 집중한 것이 큰 오산이었다.

드문드문 주문은 있었지만 위탁 대량 등록은 마진이 적어야만 판매가 일어나기에, 매출 대비 순수익은 프로그램 사용료를 빼고 나면 10만 원 남짓 이었다. 이것이 한 달 고생한 내 인건비였다. 뭔가 억울했다. 잠도 안 자고 서울을 왔다 갔다 하며, 하라는 대로 모두 다 했는데 그간의 노력이 허무해지면서 눈물이 주르륵 흐르기 시작했다.

며칠 동안 제품 등록을 멈추고 진지하게 고민을 했다. '계속 이 방법으로 하는 게 맞는 걸까?', '무엇이 문제일까?', '어디서부터 다시 시작해야 할까?'를 천천히 생각해 보자, 이 방법이 문제냐, 안 문제냐를 따지기 이전에 스마트스토어에 대해 너무 모르고 일을 바로 시작한 것이 문제였다.

여러 가지 방법들로 각자의 스타일에 맞는 것을 찾아야 한다. 이제 한 가지의 방법을 알았고, 이 방법이 내게는 지속 가능한 방법은 아니라고 결론을 내렸다. 물론 내가 좋다고 해서 모두에게 정답은 아니다. 다만 시행착오를 겪으며 작은 실패도 겪어보고 해야 다음에 또 다른 방법으로 시도할 때는 시간도 줄고, 시행착오도 덜할 것이라는 생각이 들었다. 당장은 교육비와 프로그램비가 아깝다는 생각이 들었지만 이런 방식으로 하는 것은 그만두기로 했다.

대량 등록만이 정답이요, 빠른 길이라고 생각한 나였는데 천천히 가더라도 제대로 가야 한다는 생각이 들었다. 그렇다. 지금껏 나는 성공하는 길을 찾은 것이 아니라 빨리 가는 길을 찾고 있었던 것이었다. 빨리 가는 것이 곧 성공이라는 논리에 사로잡혀, 기본도 모르고 시스템 파악도 하지 않은 채, 요령과 편법이 답인 줄 알고 거기에만 집중한 것이다.

다시 마음을 다잡고 또 검색에 들어갔다. 정신 차리고 여러 '카페_{정보를 공유하거나 친목을 도모하기 위해 만든 온라인 모임}'와 '블로그_{blog, 관심사에 따라 자유롭게 글을 올릴 수 있는 웹 사이트}'에서 여러 수기들과 정보들을 몇 날 며칠씩 읽고 '유튜브_{www.youtube.com}'에서 다양한 사례 인터뷰를 보며 재정비했다. 스마트스토어로 유명한 '신사임당'의 유튜브를 찾아 들었고 그분의 온라인 강의도 결제했다.

이 강사님의 강의는 내가 알던 상품 대량 등록법과는 완전히 달랐다. 기초부터 하나하나 다 알려 주었고 네이버 로직까지 설명해

주며, 제품 등록하는 법을 상세히 알려 주셨다.

조금씩 개념을 이해하기 시작했다. 도움이 된 온라인 강의를 듣고 나자 또 다른 괜찮은 오프라인 강의도 어딘가에 있겠지 싶었다. 다시 많은 검색을 통해 마음에 드는 오프라인 강의를 찾았다. 게다가 그 C 강사님이 진행하는 오프라인 강의는 대구에서 진행했다. 집과 그리 멀지 않은 곳이었다.

그동안 새벽 3시, 4시까지 상품을 등록하면서 부자가 될 장밋빛 미래를 상상하며 정말 열심히 일했는데, 잘 알지도 못한 길을 아무 생각 없이 그냥 걷고만 있었던 것이었다.

편의점. 내 일터만 봐도 그렇다. 이제 여기 안은 눈을 감고도 매대를 채울 수 있다. '이 정도는 되어야 안다고 할 수 있지'라고 생각하며 다시 한번 가게를 둘러보면서 다짐했다.

"그래. 다시 처음부터 차근차근 쌓아가자!"

Smartstore Knowhow 05
대한민국 아줌마 파워는 이런 거야

새벽 3시, 노트북을 부셔 버리고픈 마음을 억누르며 분노의 클릭질 중이다.

"아니 쉽다며. 근데 왜! 왜! 안되는 거야?"

얼마 전 결국 대구에서 진행하는 C 강사님의 스마트스토어 강의를 등록했다. 초급반을 하려고 했지만 이미 3개월 동안 수업을 들었던 게 있기에 호기롭게 심화반으로 신청했다. 그런데 분명 강의에선 "이렇게 하면 됩니다. 간단하죠?"라고 말했는데 사진 하나 내려받는 데도 세상 복잡했다.

씩씩대며 뭐가 문제인지 알아내려 여기저기 검색 또 검색을 했다. 내 또래에선 그래도 기계도 꽤 잘 다루고 컴퓨터나 스마트폰도 능숙하게 하는 편인데, 이건 왜 이리 복잡한 건지 답답해 죽을 노릇이다.

"내가 우물 안 개구리였던가? 아니지~ 우물 안 개구리도 그 좁은 공간에서만큼은 집요함과 전문성은 가지고 있을 터인데. 우물 안 개구리라도 되자. 포기하지 말고 다시 집중해 보자. 의지의 한국인, 대한민국 아줌마의 힘을 보여주겠어!"

상품 등록을 공부하면서 사진 다운로드가 쉬운 것도 있지만 이상하게 안 되는 것도 있었다. 포기할까도 생각했지만 오기가 생겼다. 카페며 블로그의 정보를 뒤져가며 찾고 적어놓고 수정하다 보니 손에 땀이 나기 시작하고 허리는 뒤틀리고 엉덩이는 땅으로 꺼지는 것 같았다. 하나를 해결하면 또 막히고, 또 해결하면 막히는 게 다시 나오고, 이제는 머리도 터지고 속까지 울렁거리기 시작했다. 하지만 여기서 덮을 순 없었다.

모니터 속으로 들어갈 기세로 클릭에 클릭, 찾고 또 찾고 그렇게 얼마나 지났을까. 드디어 찾았다. '크롬Chrome 웹브라우저' 프로그램을 사용하니 해결이 되었다. 신이 나서 입꼬리가 귀에까지 올라갔다. 흥분이 쉽사리 가라앉지 않았다. 소감 발표라도 할 판인데 막상 주위를 둘러보니 적막하다. 새벽 시간이다 보니 다들 꿈나라에 있고 거실에는 나와 노트북만이 덩그러니 있다.

알면 쉽고 모르면 어렵다고 했던가? 알고 나면 쉬운 것은 맞는데 모르는 것을 쉽게 할 수 있게 되는 그 과정은 무엇과도 바꿀 수가 없다. 한번 해보고 나면 허무하리만큼 쉬울 수도 있겠으나, 스스로 찾고 공부하고 익히고 또 익혀서, 내 것으로 만드는 그 희열감을 난 좋아한다. 그때의 카타르시스란 동점에서 역전 골 넣은 기분이다.

뭔가 성취하고 이룰 때마다 행복 지수가 올라가면서 뿌듯하다 못해 심장이 쿵쾅대며 설렘이 배가된다. 아드레날린이 마구마구 분출되는 것이다. 이럴 때 내가 숨 쉬고 있음을 느낀다. 더불어 미래의 내 모습에 더 가까워지고 있음을 확신하게 된다. 어렵게 알게 된 것이라 노트에 꼼꼼히 기록해두기로 했다.

"내가 크롬 프로그램 버전까지 하게 되다니. 이건 꼭 기억해뒀다가 나처럼 힘들어하는 분들한테 알려줘야겠다."

모르는 것들을 익혀 나간다는 것이 지금의 내 나이 40대 후반에서는 쉽지 않았다. 오롯이 나만을 위한 공부와 투자를 한다는 게 여건상 쉽지 않을뿐더러, 두뇌 회전력이나 기억력도 예전 같지 않기 때문이다. 그런데도 짬을 내어 도전해 본다. 내가 살아있음을 느끼고 나를 위한 성공을 위해 배우고 익히고 또 배워나간다.

쉽게 들어온 돈은 쉽게 나가고 가치 있게 들어온 돈은 가치 있게 쓰이듯이 나도 가치 있게 성장해 가고 싶었다.

 **알아두면 좋아요!**

크롬에서 잠겨있는 이미지 저장하는 법

어떤 홈페이지에서는 '사진'이나 'GIF 파일', '동영상'을 다운로드 못하게 금지시켜 저장이 안 되는 경우가 종종 있다. 특히 GIF 파일이나 동영상 등이 다운로드가 힘들다. '크롬'에서만 가능한 기능이지만 키보드 'F12'를 누르면 개발자 도구를 이용해서 다운로드가 가능하다.

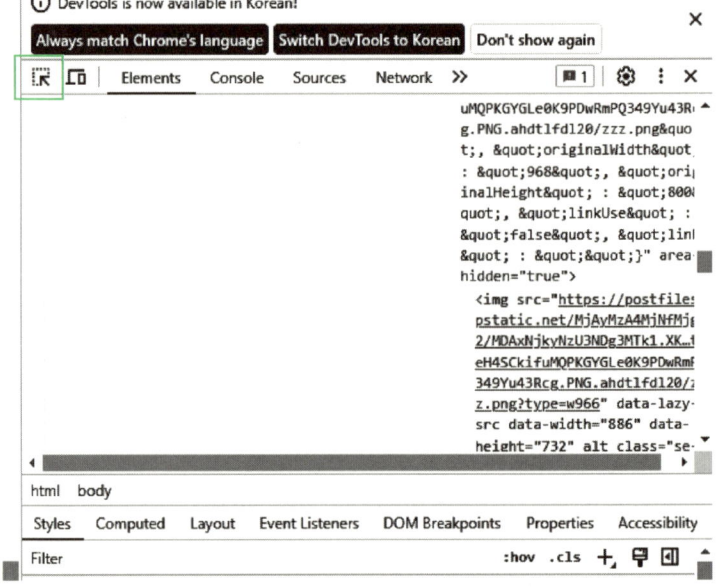

먼저 다운로드를 받으려는 홈페이지에서 키보드의 F12를 누르면 '개발자 도구 메뉴'가 표시되는데, 표시된 왼쪽 모서리를 보면 '네모 박스 안 화살표 모양'으로 된 아이콘이 있다.

이곳을 클릭한 후, 홈페이지에서 마우스를 움직이면 화면의 내용들이 파란색으로 바뀌는데, 이곳에서 다운로드 받으려는 이미지를 클릭하면 오른쪽 개발자 도구에 그 파일의 주소가 파란색으로 표시가 된다.

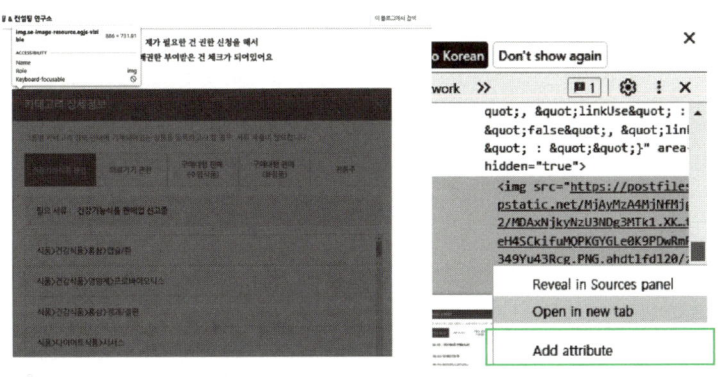

그곳에 우측 마우스 클릭하고 'open in new tap'을 누르면 새 창이 열리고, 다른 이름으로 저장하면 다운로드 완료가 된다.

기지개를 켜고 고개를 드니 어느덧 따스한 아침 햇살이 나를 비추고, 이번에는 졸음을 부르는 이불이 아닌 따스함이 나의 피곤함을 녹여주고 있었다. 캄캄한 새벽을 지나 아침이 왔다. 해뜨기 직전이 가장 어둡다고 했던가? 지금 나에게도 해뜨기 직전 캄캄함 속에서 좌절하고 길을 잃고 있었지만 해는 떴다. 해는 반드시 뜬다. 해가 뜰 때까지 존재하며 버틴다면 말이다.

크게만 생각할 게 아니라 작은 것부터 하나하나 이뤄나가는 소중함을 잊지 말아야겠다. 계단도 한 계단씩 올라가면 느리더라도 끝까지 올라갈 수 있지만, 빨리 가려고 몇 계단씩 뛰어올라가다 넘어지기라도 하면, 더 느려지거나 끝까지 가지 못할 수도 있다. 처음부터 서두르지 말고 차근차근 밟아가다가 계단에 익숙해지면 엘리베이터 타는 법도 익히면 좋겠다고 생각해 본다.

Smartstore Knowhow **06**

이번 주는 지우고 오셨어요?

"삭제해? 말아?"

한 달째 결정을 못 내리고 고민 중이다. 맨 처음 서울까지 가서 배웠던 위탁 대량 등록 프로그램에 질릴 대로 질린 상태임에도 힘들게 올리기도 했고, 비용을 투자한 3개월의 결과물이라 그런지 쉽게 결정 내리지를 못했다. 삭제 버튼 누르기가 힘들었다. 대구의 수업을 들으러 갈 때마다 강사님께 매주 같은 질문을 하고 같은 대답을 듣고 있다.

"대량 등록한 거 진짜 삭제해요?"
"네 지우세요."

"그대로 놔두고 추가로 등록하면 안 될까요? 어차피 스마트스토어는 5,000개까지 등록된다고 하니 5,000개 다 차면 그때 순차적으로 지우면 안 돼요?"

"지우라니까요. 미련 가지지 말고. 다 의미 없어요. 저도 대량 등록으로 2년간 먹고살았던 사람입니다. 이제는 추세가 바뀌었어요. 그걸로는 마진도 적고 품절 관리에 시간이 너무 뺏겨요. 거기다 내 쇼핑몰만 뒤죽박죽, 전문성 떨어져 보여서 안 좋아요"

"네. 이번 주는 꼭 삭제하고 올게요!"

"네. 꼭 지우세요. 큰일 안 나니까 과감하게 지우세요."

하지만 수업이 끝나고 집으로 돌아가기 전까지 계속 물었다. 귀찮을 걸 알면서도 날 한심해해도 괜찮다는 생각으로 묻고 또 물었다. 한 번만 대답을 들어도 해결되는 간단한 문제인데, 그간의 노력이 왠지 물거품이 되는 것 같아 지우지 못하고 몇 주째 질문만 반복하는 중이었다. 12주의 수업 과정 중 4주 이상을 같은 질문을 했다.

한 번은 더는 안 되겠다 싶었는지 강사님이 먼저 물어보신다.

"이번 주는 지우고 오셨어요?"

강사님의 물음에 난 부끄러워 꿀 먹은 벙어리가 되어버렸다. 얼굴이 화끈거리고 눈을 이리저리 굴리며 피했다.

집에 돌아와 곰곰이 생각해 봤다. 지금에 있어서 가장 합리적인 결정은 무엇일까?

"선택과 집중!"

순간 이 말이 뇌리를 스쳤다. 맞다. 지금이야말로 선택과 집중이 필요한 시점이다. 어떻게 보면 아무것도 아닐 수 있는 일에 한 달을 고민하고, 결정하지 못해 다른 일까지 못 하고 있으니 이것은 미련한 일이다.

갑자기 용기가 생겼다. 제품 삭제에 대한 막연했던 두려움은 사라지고 오히려 자신감이 생겨났다. 삭제를 결정하는 이 행동 하나에 내 삶이 바뀔지도 모른다는 엉뚱한 생각까지 들었다. 먼저 스마트스토어에 등록되어 있는 전 제품 모두를 클릭하고 삭제 버튼을 눌렀다.

〈삭제되었습니다.〉
〈삭제되었습니다.〉
5. 4. 3. 2. 1…. 제로

한 달을 망설인 고민을 삽시간에 해치워버렸다.
지금 내게 필요한 것은 선택과 집중이었다. 홀가분해진 마음으로 다른 오픈마켓의 제품들도 하나하나 모두 다 삭제했다. 제품들을 삭제하면서 한가락 남은 미련까지 함께 삭제했다. 아닌 것을 알면서도 버리지 못하는 미련 때문에 앞으로 나아가지 못하고 있었다. 겨우 4

개월 정도 해 놓고 사업 실패라도 한 듯이 고민하고 걱정하고 있었으니 미련하기 그지없었다.

　누군가가 그랬다. 내가 바뀌니 세상이 바뀌었다라고. 전체 제품 삭제까지 한 달을 머뭇거리고 후회할까 봐 행동으로 옮기지도 못했는데, 과감히 지워버리고 나니 묵은 체증이 내려간 개운함만 남았다. 마음도 홀가분해졌다. 비우고 나니 새로 채울 용기도 생기고 공간도 생겼다. 그간 버리지 못해 새로운 것을 배워도 담아두지 못했던 것이었다.

　주경야독의 생활을 한 지도 어언 5~6개월이다. 이젠 제법 익숙해져서 피곤하지도 않다. 어둠 속에서 해가 조금씩 조금씩 떠오른다. 어느 순간 제 모습을 다 드러내어 온 세상을 밝혀줄 것이다. 큰 태양이 될지 작은 태양이 될지는 모르지만, 나만의 태양을 만들어 가고 있다는 게 중요하다.

　도전하는 사람들이 스스로 빛이 나는 이유를 깨달았다. 자신만의 태양을 열심히 만들어 조금씩 드러내고 있었기 때문이다. 그 태양이 항상 함께하고 있다. 크기나 빛의 밝기가 중요한 것이 아니라 얼마나 열심히 각자의 태양을 만들어 가는지가 핵심이다. 지금은 미약하지만 점점 키워나가 나의 태양이 필요한 분들에게 비추어 줄 것이다. 그리고 함께 태양을 만들 수 있게 할 것이다.

Smartstore Knowhow 07
어렵기만 했던 상품명 키워드

　오늘따라 유난히 차가 밀린다. 30분이면 가는 거리를 한 시간 가까이 도로 위에서 꼼짝없이 갇혀있다. 키워드도 막히고 차도 막힌다. 마음대로 되는 것이 없다.

　겨우 자리를 찾아 주차하고 헐레벌떡 뛰어 들어가니 다행히 아직 수업 시작하기 전이다. 한숨 고르고 나니 곧바로 수업이 시작되었다. 오늘 강사님의 컴퓨터 화면에는 '키워드key word, 특정한 내용의 정보를 찾기 위하여 사용하는 단어나 기호'라는 세 글자가 띄워져 있다.

　강사님이 열심히 설명해 주셨지만 나에겐 소귀에 경 읽기였다. 상품명을 적는 곳에 상품명이면 그냥 상품명이지 키워드를 적으라니 그게 무슨 말인지 도통 이해가 안 갔다.

그랬다. 배워도 모르겠고 그간 도매처에서 제공하는 상품명 그대로 썼고, 상세페이지도 그대로 다 썼고, 솔루션 프로그램을 사용해서 대량 등록만 해왔으니 스마트스토어가 어떻게 돌아가는지를 몰랐다.

갑자기 얼굴이 확 달아오르기 시작했다. 이제껏 노력과 시간이 아깝다고 느껴지면서 부아가 치밀어 올랐다. 이런 시스템 하나도 제대로 모르면서 '쇼핑몰 한다', '대표다', '사장님이다'라고 했던 것이 부끄럽기도 하고 화도 났다.

집에 와서 녹화된 영상을 돌려 보고 또 돌려 보았다. 아무리 봐도 무슨 말인지 이해가 가질 않았다. 이번 주말에 수업 들으러 가서 다시 물어보자 하고는, 이해 안 되는 부분을 따로 표시해뒀다. 흥분된 마음을 진정시키기 위해 얼음 한 컵을 씹어 먹었다.

"시간이 더 걸릴 뿐 못하지는 않겠지?"

걱정 반 두려움 반이었다. 그런데 들으면 들을수록 자신감은 더 없어졌다. 감이 잘 안 잡혔다. 어떻게 배치를 하라는 건지, 카테고리별 키워드로 다 구분해야 한다는데 공통되는 것도 많은데 쓰라는 건지, 말라는 건지. '내가 머리가 나쁜 걸까? 강사님 설명이 어려운 걸까?'라는 그런 생각을 하는 사이 한 주가 지나갔다.

"이번 주 강의 다 듣고 오셨죠? 하실 수 있겠죠?"

"아니요…."

나만 기어들어 가는 목소리로 대답했다.

"대표님, 어떤 부분이 이해가 잘 안되던가요?"

"그게 대형 키워드, 중형 키워드, 소형 키워드, 세부 키워드 구분하는 것부터 힘들어요. 그리고 검색 수를 찾고, 등록 수를 찾고 블로그 갯수 찾아 계산하고 이런 게 다 어려워요."

순간적으로 흔들리는 강사님의 눈동자를 바라보았다. 부끄러웠다. 이렇게 기본도 모르면서 여기에 앉아 있으니 가시방석이었다. 기초반도 아니고 심화반인데 기초적인 것을 묻고 있으니 어이가 없을 만도 했다. 3개월간 대량 등록 프로그램 사용법만 배워놓고는 기초를 안다고 생각했다. 스마트스토어를 배운 게 아니었다.

강사님은 나를 의식한 듯 더 천천히, 꼼꼼히 말씀해 주었다.

"검색 수가 많은 건 대형 키워드라고 보는데, 처음 등록하시는 분들은 대형 키워드 검색으로 노출하기가 어려워요. 아니 못 시킨다고 보면 되고, 처음에는 소형 키워드와 세부 키워드로 노출하도록 해야 해요."

조금은 알 것 같은데 아직 명확하지 않았다. 더 물어보기 죄송해서 일단 알겠다고 하고 집에 가서 다시 봐야겠다고 생각했다.

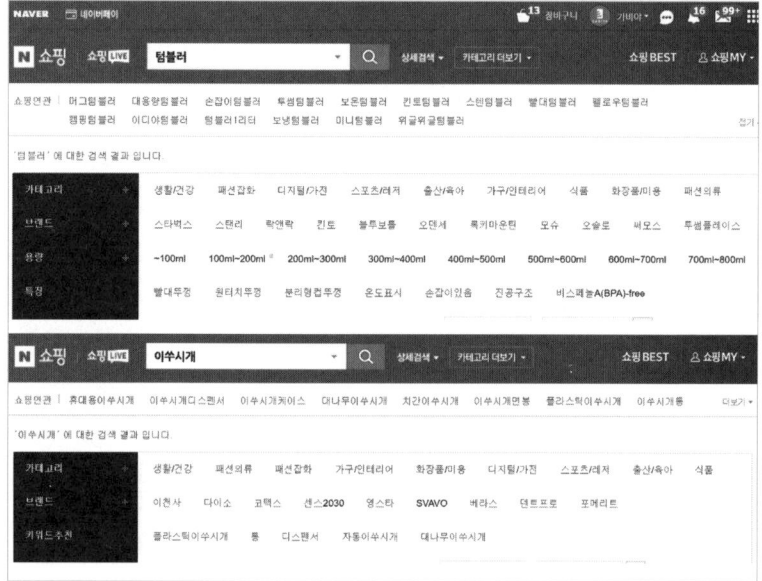

〈네이버 키워드 검색 화면〉

쉬는 시간, 옆에 계신 대표님께 살짝 물어봤다. 3명의 수강생 중에 여자는 나뿐이라 말 붙이기가 어색해서 인사만 하다가 용기 내어 다가갔다.

"저. 혹시 잘 되시나요? 키워드 저만 어려운 거죠? 잘 찾아지나요? 전 진짜 모르겠어요. 하루 유입수 10이에요. 어쩌다 20 나오고요."
"저도 그랬어요. 처음에는."
"그래요? 근데 지금은 어떻게 잘 찾으세요?"

"제가 찾은 키워드로 계속 검색해요. 그렇게 하다 보면 노출되는 제품들 상품명을 참고해서 보기도 하고요. 만들어 둔 상품명 조합을 다양하게 해서 내 제품이 노출되는 페이지를 조사해서 어느 키워드에서 검색되는지 확인하다 보면 조금씩 감이 오더라고요."
"멋있다. 완전 전문가 포스가 느껴지는데요."

오후 6시, 수업 마치는 시간이다. 함께 듣는 사람들과 이제는 조금 친해져서 이런저런 얘기들을 앉아서 좀 더 하게 되었다. 얘기를 들어보니 다른 분들도 나처럼 제2의 직업으로 스마트스토어를 시작하는 것이었다.

한 분은 은퇴가 10년 정도 남아서 그때까지 자리를 잡아 노후 대비를 하려고 배운다고 하시고, 다른 한 분은 월급만으로는 자산을 모을 수가 없어서 제2의 월급을 만들려고 한다고 하셨다. 이분들 얘기를 듣고 나 역시 다시금 목표를 구체적으로 잡아야겠다는 생각이 들었다.

항아리가 깨져 있어서 물을 채우기 힘들면 더 큰 바가지로 열심히 계속 갖다 부으면 새는 물보다 채워지는 물이 많아지는 순간이 온다고 한다. '깨져 있는 것을 어떻게 물을 채워?' 하고 포기하는 순간 그 항아리는 쓸모 없어지지만, 더 큰 바가지로 계속 채워나가면 항상 물이 찬 항아리가 되는 것이다. 어떤 모습으로 있든 내 상황이 어떻든지 간에 노력해 보지도 않고 포기하는 것이 가장 어리석은 모습 아니겠는가.

마흔 중반에 새로운 도전을 시작해 고시생처럼 공부하는 내 모습을 보고 주변에서는 "왜 사서 고생을 하느냐?"라고도 말하지만 그분들은 알지 못한다. 내 평생 이렇게 열정적으로 공부하고 가슴 설레는 도전이 처음이라는 것을, 살아가면서 가슴 뛰는 일을 찾아서 할 수 있다는 것만으로도 충분히 가치 있는 도전이라고 생각한다.

돈만 많이 번다고 행복할까?
돈이 많아야만 행복할까?

삶에 있어서 성공의 기준은 모두 다르겠지만 그 기준도 내가 정하는 것이라는 생각이 든다. 성공의 기준이 돈인 사람은 돈을 많이 벌면 성공한 것이고, 다른 기준에 목표를 두고 뜻을 이룬다면 그게 성공인 것이다.

나는 돈은 필요한 것이지 성공의 척도는 아니라고 본다. 그래서 시간적 자유와 약간의 경제적 자유를 누릴 수 있는 삶이, 나에겐 성공이라고 정의 내려본다. 그래서 조금씩 새로운 세상에 눈뜨게 되는 하루하루가 모험이지만 그 모험이 나는 즐겁다.

Smartstore Knowhow 08
100일간의 키워드 만들기 도전

쑥과 마늘이 쉬울까? 상품 등록이 쉬울까? 나는 둘 다 어렵다고 본다. 그래도 그나마 상품 등록에 한 표 던진 후 100일의 기적을 믿고 싶었다. 곰도 사람이 되는 100일. 마치 100일 기도하듯이 정성스럽게 해보자고 다짐했다.

강사님이 주신 미션이다.
1 100일 동안 매일 한 개씩 도매 사이트에 가서 제품 찾기
2 대표 이미지 바꾸기
3 상품명 키워드를 찾아 분석하기(대형 키워드, 중형 키워드, 소형 키워드, 세부 키워드 나누기)

❹ 상세페이지 차별화되게 만들어서 스마트스토어에 등록하기
❺ 상품 등록 시 빈칸 놔두지 말고 최대한 채우기

주의 사항도 알려 주셨다.
❶ KC 인증 반드시 체크하고 등록하기
❷ 아이디어 제품, 특허 제품은 반드시 확인하고 등록 가능 여부 체크하기
❸ 만 14세 미만 전용 제품 인증 여부 체크하기

특히 주의 사항 이 세 가지는 어떠한 경우라도 놓치지 말라고 하셨다. 실수로라도 등록 시 소송까지 가는 불상사가 생긴다는 것이다. 소송이라는 말에 손이 떨렸다.
제일 먼저 확인 후 제품 선정에 들어갔다. 강사님이 하나의 팁을 주셔서 그대로 실행하기 위해 노트를 펼쳤다.

"일주일 등록할 제품을 미리 찾아서 적어두세요. 찾은 제품들의 키워드를 한 번에 찾아서 정리해 두면 일주일 상품 등록이 훨씬 수월해져요. 그리고 또 하루는 '미리캔버스'나 '망고보드'로 대표 이미지 만들고 상세페이지를 미리 수정해 두세요. 그렇게 해두면 이틀만 바짝 고생하고, 나머지 5일은 진짜 쉽게 등록할 수 있어요. 매일매일 다 하려면 지쳐서 금방 하기 싫어져요. 무슨 말인지 아시겠죠?"
"네, 할 수 있을 거 같아요. 근데 첫 일주일 제품만 좀 찾아주세요.

뭘 해야 할지 도통 모르겠어요."

"알겠습니다. 일주일 분량은 선정해 드릴게요. 그다음부터는 직접 찾아보셔야 보는 눈이 늘어요. 제가 하기 싫어서 안 알려주는 거 아니니 서운해 마세요."

일주일 동안 등록할 제품을 미리 찾아 선 작업을 모두 해두라는 것이다. 무슨 제품을 올릴지 고민하는 것도 일이라며 일단 손에 익숙해질 때까지는 '쇼핑 베스트 100' 제품을 차례로 올려보는 것도 방법이라고 하셨다.

"내 생각을 넣지 말고 그냥 올려보세요. 내가 팔고 싶은 건 다른 사람도 팔고 싶은 것이에요. 그럼, 경쟁력도 없겠죠? 판매자가 판매하고 싶은 것 말고, 구매자가 사고 싶은 것을 찾아낼 수 있어야 하는데, 그 경험이 없으니 제품에 대한 편견이나 내 생각을 넣지 말고, 일단 등록하는 것부터 습관 잡고 익숙해집시다. 아시겠죠?"

일주일간 등록할 제품을 한 페이지에 하나씩 적어두고 차례대로 네이버에서 제공하는 키워드 검색 프로그램인 '데이터랩datalab.naver. com'에서 카테고리별로 키워드 순위 500위까지 하나도 빠지지 않고 모두 본다. 내 상품과 연관된 것을 빠짐없이 나열한 후 중복되는 것을 지우고 최종적으로 몇 개 남긴다.

1~100위 정도가 검색량이 많은 키워드라 처음 등록할 때는 500위

부터 역순으로 확인한다. 이미 판매하고 있는 제품들 사이에서 노출되려면 세부 키워드로 먼저 검색되어야 하기에 뒤쪽 키워드를 우선으로 보고 그렇게 선별해 놓은 키워드를 다시 '네이버 광고 시스템 earchad.naver.com'에서 키워드 도구로 검색한다. 그러면 제품 검색량과 클릭률을 확인할 수 있는데 그걸 체크해서 네이버쇼핑에 다시 검색 후 제품 등록 수를 확인한다.

제품 등록 수 대비 검색량이 많으면 좋은 키워드로 보고, 제품 등록 수가 월등하게 많으면 피하거나 상품명 뒤쪽 부분에 나열한다. 대형 키워드는 이미 많은 판매처가 장악하고 있어서 초보자는 진입 장벽이 높기 때문이다. 예를 들면, 텀블러 제품을 등록할 때 '학생 직장인 보온 보냉 휴대용'과 같은 대형 키워드는 뒤쪽에 넣거나 '학생 텀블러 직장인 보온 보냉 휴대용 캠핑 차량 텀블러'와 같이 이렇게 써주면 좋다.

포인트는 앞에 텀블러는 '학생'이라는 단어와 붙여서 '학생 텀블러'를 한 단어로 인식되게 하고, 뒤쪽에는 띄어쓰기해서 텀블러만 인식하게 만든다는 게 방점이다. 키워드 도구에서 검색하면 연관 검색어에도 뜨는데, 그 검색어들도 하나하나 대입하여 확인해 본 후 상품명으로 사용할지 말지 결정한다. 그렇게 여러 개 적어두고 마지막으로 네이버 쇼핑으로 가서 등록할 제품을 검색 후, 거기에서 나오는 연관 검색어도 다시 한번 체크하면 최종 상품명이 탄생된다.

이 상품명들도 등록한 후 노출이 안 되면 순서를 바꿔보면서 테

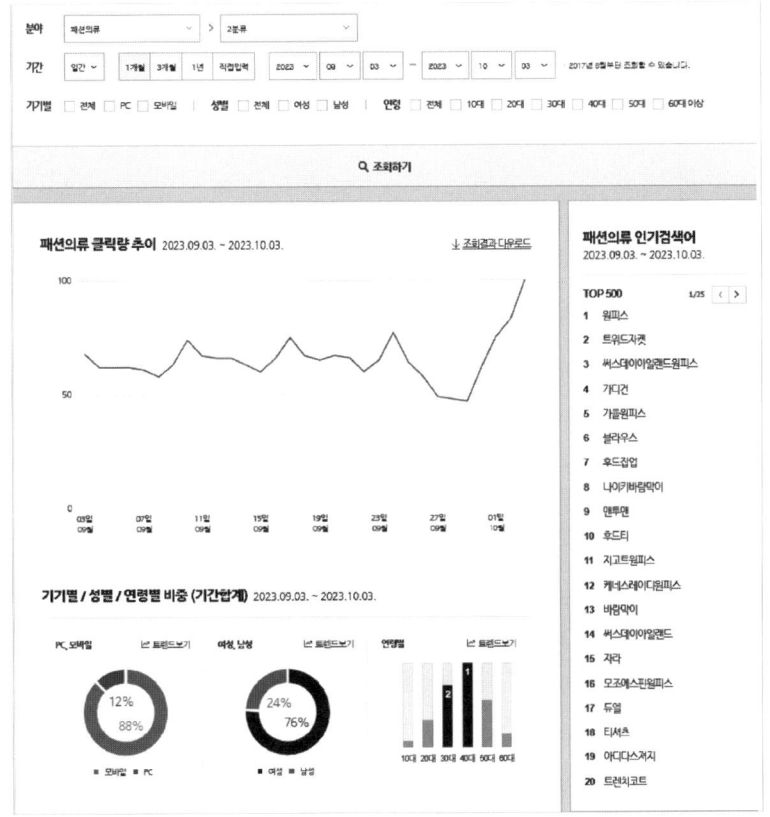

〈네이버 키워드 분석 화면〉

스트도 해봐야 한다. 순서에 따라 노출도 달라지기에 세부 키워드 파악이 가장 중요하다. 그리고 키워드를 찾아주는 키워드 도구 사이트에 가서 바로 가입하여 또 비교해 보고, 최종 마무리해서 노트에 적는다.

키워드를 찾으면서 뭐가 그렇게 어려웠을까를 생각해 보니 상품명을 왜 키워드로 적는 건지, 가장 기본적인 이유를 몰랐기 때문이었다. 처음 배우는 사람은 상품명이 왜 키워드인지가 해결되지 않은 채, 다른 것들을 배우니 더하기도 모르는 채 곱셈을 배우는 격이기 때문이다.

이유는 간단하다. 상품 구매 시 구매자는 어떻게 검색해서 그 제품 찾는지를 역으로 생각해 보면 된다. 우리가 네이버에서 어떠한 제품을 구매하려고 할 때 어떻게 찾고, 어떻게 검색하는지를 한 번만 생각해 보면 쉽게 이해가 될 것이다. 제품의 특징이나 속성을 검색하는 것이 아니라, 용도나 필요한 상품명으로 검색한다는 것을 알 수 있다. 그런데도 판매자로서 제품 특징만 나열하고 강조되는 속성만 적으니 노출도 안 되고, 어떤 키워드를 써야 하는지도 모르는 것이었다. 내가 다른 제품을 구입할 때 어떻게 하는지만 생각해 봐도 반 이상은 답이 나오는데 말이다.

이것 역시 계속 분석한 결과 깨달은 아주 기초적인 사실인데 이걸 알려주는 강사님은 거의 없었다. 누가 물어보면 이 개념부터 알려주겠다고 생각하고 열심히 메모해뒀다. 한 가지 제품 키워드를 찾는데 한 페이지를 빡빡하게 적어나갔다. 주의 사항도 꼼꼼하게 체크했다. 그리고 키워드만 찾는다고 되는 것이 아니다. 실컷 찾아놓고 주의 사항을 지키지 않으면 아예 노출이 안 되거나, 네이버 자체에서 삭제하는 때도 있다고 하니 반드시 체크하고 넘어가야 한다.

　주의 사항도 체크하고 키워드도 열심히 찾아서 등록하지만 가끔은 프로그램이 독이 될 때도 있었다. 나만 찾아보는 것이 아니라 다른 사람들도 찾으니 비슷한 제품군에서 제공하는 키워드가 같을 수밖에 없다. 결국에는 같은 키워드로 경쟁하게 되는 것이다. 1~2주 혹은 한 달 뒤에는 그 키워드들이 경쟁 강도가 올라가 버리는 것이다. 일주일 분량을 한 번에 찾다 보니 알게 된 사실이었다. 찾을 때는 경쟁 강도가 좋았는데 등록할 시점에는 경쟁 강도가 올라가 있는 것을 알 수 있었다.

　적절히 활용하고 참고하는 요령도 생겼다. 여러 가지 시행착오도 겪고, 다시 찾고, 한 번에 여러 상품 찾으면서 오랜 시간을 투자하다 보니 거기에서 실력이 늘기도 했다. 그렇게 틈나는 대로 찾고 분석하고, 등록한 덕인지 한 달 후에는 수강생 중에 내 스토어 유입자 수가 가장 많아졌다. 다들 40~50 유입일 때 난 10~20이었는데 지금은 100은 늘 넘어가니 말이다.

　첫 시작은 뭐가 뭔지 모르겠고 이해가 안 돼서 힘들었지만, 이제는 "노력은 배신하지 않는다"라는 말을 실감했다. 100일 상품 등록을 다 함께 시작했는데 나만 완주했다는 사실도 그 결과다. 지금 생각해 보면 모르고 부족해서 더 열심히 하기도 했지만, 혼자 뒤 처지기 싫어 100일간 이 악물고 죽을 둥 살 둥 했다.

처음부터 잘 알아들었다면 이렇게 집요하게 공부하고 노력했을까? 난 아니라고 생각한다. 버벅거리고 몰랐기에 몇 시간씩 스마트스토어 키워드 찾기로 검색하고, 블로그 글도 보고 유튜브를 시청하며 여러 카페에 가입해서 질문을 했다. 부족함을 채우기 위해 열심히 찾아서 등록하고 유입수 확인하고 검색했을 때, 내 상품이 어느 위치에 있는지 파악하고 또 수정하면서 100일을 보냈다. 그리고 나니 이제는 키워드 프로그램을 사용하지 않고도 잘 찾게 되었다. 수치에만 의존하는 것이 아닌 약간의 감도 생겼다.

그렇게 등록한 제품들이 노출되고 주문이 들어오는 것을 보면 신기하기도 하고 뿌듯하기도 했다. 100일간의 고군분투한 날들이 헛되지 않았음을 알려주는 신호인 것 같아서 말이다.

 **알아두면 좋아요!**

키워드 체크포인트

1. 첫 번째 옵션과 다른 사항을 상품명에 적으면 안 된다.(모든 옵션에 해당하는 내용은 가능하다)
2. 고객 혜택에 관한 내용은 안된다. 예를 들어 '무료배송', '오늘 출발', '사은품 증정', '원플러스원' 등의 내용이다.
3. 이미테이션이나 유명 브랜드명도 안된다.(~스타일,~st 등)
4. 특수문자나 기호를 쓰면 노출이 잘 안된다.
5. 꾸미는 말을 너무 많이 쓰지 않도록 한다.
6. 상품명은 30~40자 내외로 쓰도록 한다.

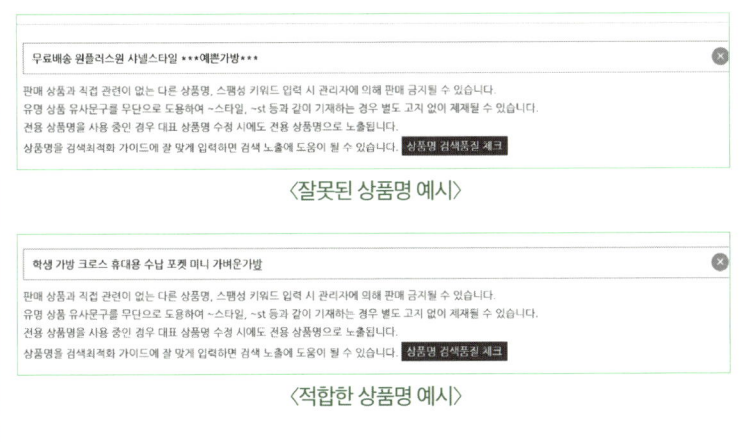

Smartstore Knowhow 09

생각보다 쉽지 않았던 상품 등록

"빈칸 놔두지 마세요. 칸은 채우라고 있는 겁니다. 비워두면 네이버가 싫어해요."

모두 잠든 이 새벽, 커피를 물처럼 벌컥벌컥 마시자 강사님의 목소리가 음성지원이라도 되는 듯 귓가에 맴돈다. 키워드만 잡으면 다 될 줄 알았더니 그것만도 아니었다. 산 넘어서 산이다. 일어나서 스트레칭하고 카톡 확인도 하고 머리도 식힐 겸 유튜브 영상 하나를 시청했다.

얼마나 지났을까. 후두둑 빗방울 떨어지는 소리가 들린다. 낮이 밤인지 밤이 낮인지도 모르겠고, 아무 생각 없이 열심히 하는 수밖에 없다고 생각하고 무식할 만큼 아날로그로, 저돌적으로 해보고 있지만 살짝 지치는 것은 어쩔 수 없었다.

　네이버에서 내가 등록하려고 뽑아놓은 것과 비슷한 제품을 검색하다 보면 신기하다. 대단한 상품명도 아닌 것 같은데 어떻게 이렇게 노출해 잘 판매하는 것인지. 제품을 올릴 때마다 많은 생각에 사로잡힌다. 이 제품이 나은 건지, 다른 제품을 등록하는 것이 나은 건지, 또 등록하면 판매는 일어날런지 하는 의구심이 드는 것도 사실이다. 그래도 마음먹었으니 일단 해보고 판단하겠다고 다짐한다.

　복잡한 머릿속을 정리하고 일주일 분량의 키워드를 적어둔 노트를 펼쳤다. 이게 핵심이라고 했다. 그런데 많은 분이 '상품명 키워드'를 모른 채 등록만 하면 팔릴 것으로 생각하고, 배우려 하지도 않고 등록만 하고선 "스마트스토어는 하면 안 된다. 어렵다"라고 하면서 포기해버린다고 한다. 하지만 쉽게 얻어지는 것은 없다.

　눈은 빠질 듯이 뻑뻑하고 어깨는 돌덩이 올려놓은 것처럼 무거웠지만 버텼다. 오늘도 해 뜨는 것을 보고, 이왕 시작한 것을 마무리하고 자야겠다고 생각했다. 키워드를 찾고 나니 상품 등록 미션을 내일로 미루고픈 게으른 생각이 스멀스멀 올라왔다.

　"아니야, 첫날부터 미루는 건 아니지. 등록하자 그래. 해보자. 쉽게 생각한 건 아니지만 온라인에 계속 노출되는 광고를 보면 스마트스토어로 자리 잡아서 수억 자산가가 되고, 월 몇천은 기본으로 번다고 했는데, 나도 이 과정을 겪고 지나고 나면 그렇게 되겠지?"

잠시 그렇게 되어 있을 미래의 내 모습을 상상하며 흐뭇해했다. 멋지게 성공한 커리어 우먼의 모습과 경제적 자유를 누리며 여행을 다니는 내 모습을 상상하니 말이다.

상상 중 순간적으로 까매진 노트북 화면에 비친 초췌한 내 얼굴이 보였다. 겨우겨우 상품 등록을 모두 하고 상품 등록의 체크 버튼을 누른 순간 빨간 점이 또 들어왔다. AS 정보가 없단다. 다시 꼼꼼하게 보기 시작했다. 한참을 내려오다 보니 빈칸이 보였다. 빈칸을 다 채워야 하는데 그걸 못 본 것이다. 화살표 속에 숨겨진 빈칸이 있었다.

빈칸에 적어 넣고 다시 저장하기를 눌렀는데 이번에는 브랜드 등록이 안 되었단다. 다시 등록하고 저장하기. 또 안된다. 다시 입력하고 보니 브랜드와 제조사는 입력 후 마우스로 그냥 옮기면 입력이 안 되는 것이었다. 엔터까지 눌러주고 파란색으로 브랜드와 제조사가 입력된 것을 확인 후 다시 저장하기 눌렀다.

그런데 이번에는 〈입력한 옵션 값이 판매가의 50%를 초과할 수 없습니다〉라는 문구가 뜬다. 급하게 검색에 들어갔다. 옵션 제품의 플러스마이너스 금액은 내가 처음 설정한 판매가의 50%까지만 가능하다는 것이다. 판매가가 10,000원이면 옵션가격은 0원에서

5,000원까지만 플러스나 마이너스 가격 설정이 된다는 것이다.

판매가를 수정하고, 할인가 역시 다시 수정한 후 전체적으로 점검을 했다. 다시 한번 '저장하기' 버튼을 누르고 잠시 눈을 감았다 살포시 한쪽 눈을 뜨고 화면을 보는데 이번에는 '태그tag, 특정 핵심어 앞에 '#' 기호를 붙여 써서 식별을 용이하게 하는 메타데이터' 입력이 없다고 나온다. 숨이 가빠지고 얼굴이 화끈거렸다.

상품 하나 등록하는데도 이렇게 우왕좌왕하는데 수억, 수천은커녕 지금은 제발 상품 등록만이라도 익숙해지고 싶었다. 입이 바짝바짝 마른다. 순간적인 스트레스 지수 상승했다. 심호흡 길게 하고 물 한 잔을 마셨다. 진짜 자신과의 싸움이었다.

"누구나 처음은 어려워, 여기서 포기해버리면 아무것도 할 수 없을 거야. 아이들 걸음마 할 때도 수천, 수만 번을 넘어지면서 배우잖아? 난 아직 걸음마 시작도 안 했는데 뛰는 것을 바라면 안 되지. 뒤집기부터 찬찬히 해보자."

검색 설정에 가서 태그를 입력하고 심호흡 한 번 하고 다시 힘을 내어본다. '저장하기' 버튼을 눌렀다. 화면을 노려본다. 이번에는 〈스마트스토어 상품 보기〉라는 문구가 화면에 나타났다. 등록 성공이다. 이건 올림픽 금메달 딴 기분이다.

내가 등록한 제품을 내 스토어에서 보는데 감동이 물밀듯 밀려왔다. 이게 뭐라고 눈물이 나려고 했다. 위탁 제품인데 내 제품 같았다. 산고의 고통을 겪고 낳은 자식처럼 마구마구 사랑스러워졌다. 이렇게 애정이 생기는 것을 보니 강사님이 그래서 하나하나 내 제품이라 생각하고 등록하라고 한 것인가 보다.

뿌듯함에 기쁨의 미소를 머금으며 제품 100개는 팔릴 것 같은 기대감을 안고 도도하게 노트북을 덮었다.

Smartstore Knowhow **10**

상세페이지와 친해지면 매출이 늘어난다

　스마트스토어를 배운지 오늘은 며칠째일까? 포기하고 미루고 싶었던 날이 반 이상이었다. 그러나 주말에도 꼬박꼬박 놓치지 않았다. 허벅지를 꼬집어 가며, 커피를 수혈해가며 버티고 버텼다.

　이럴 때는 올빼미형 인간인 것이 참 고맙다. 덕분에 미라클모닝은 꿈도 못 꾸지만, 미라클나잇을 하면서 열심히 등록할 수 있었으니 말이다. 아프지 않고 잘 견뎌주는 내 몸에 미안하기도 하고 고맙기도 하다.

　그렇게 한 달, 두 달이 흘렀다. 이젠 상품명 키워드를 찾는 것도 익숙해져 처음보다 빨라졌다. '대표 이미지'와 '상세페이지' 수정을 위해 '미리캔버스www.miricanvas.com'에서 수업을 등록하고 열심히 따라 하며 배워나갔다. 토요일 새벽밖에 시간이 없어서 밤새워 가며 듣기도 했다. 도전에 실패하기 싫었다. 내가 이렇게 열정적이라니 신기했다. 이번만큼은 성공해 내고 싶었다. 지금 나에게 성공은 100일의 완주다. 스스로 시작한 도전에 관한 결과, 그것이 나의 첫 번째 성공이다.

"꼭 성공하리라. 작은 것에서부터 성공해 보라."

하나를 이루어 보면 그다음은 조금 더 쉽다는 말에 힘을 내어 미리캔버스 강의를 들어가며 연습했다. 상세페이지를 만드는 것도 점점 익숙해지기 시작하니 금방 만들게 되었다. 잘 만든 포스터를 보면 막연히 대단하다고만 생각했던 작업을 내가 하고 있으니 신기했다.

상세페이지 만드는 게 재밌어지자 어떻게 하면 팔리는 상세페이지가 될지 연구도 하게 되었다. 심리에 관련된 책들도 읽고 마케팅 관련 책도 읽어가며 제품 등록에 심혈을 기울였다. 업체에서 주는 사진을 그대로 쓰는 것은 차별화도 없었고, 마음에 들지 않는 상세페이지도 많아 직접 공부한 것으로 바꿔 나가기 시작했다. 이미 등록해놓은 상품을 하나하나 바꿔 가는 재미도 쏠쏠했다.

구매자 심리를 적용한 상세페이지 작성도 해보고, 카피라이팅 공부도 하니 조금씩 늘어나는 실력과 주문이 동반 상승했다. 처음 등록할 때는 몰랐던 것들이 보이기 시작했고, 도매 업체에서 제공하는 상세페이지 순서도 바꿔가며 나만의 상세페이지로 조금씩 만들어 갔다.

확실히 업체에서 주는 사진 그대로 등록한 제품보다 고민해서 등록한 제품들이 반응이 좋았다. 구매전환율이 높아진 것이다. 평균 2~5%의 구매전환율이라는데, 나 같은 경우는 유입수 대비 구매전환율이 20% 가까이 되는 것이었다. 이러다 보니 상세페이지를 연구하고 관련 서적을 보는 것이 재미있어 더 찾아보고 읽게 되니 소소한 노하우들도 쌓이기 시작했다.

『설득의 심리학』, 『캐시버타이징』, 『기획의 정석』, 『마케팅이다』, 『팔지 말라 사게 하라』 등 다양한 책들의 도움을 받아 가며 나날이 발전해 나가고 있음을 느꼈다.

상세페이지는 첫 도입부가 중요하다. 요즘 고객들은 예전처럼 긴 상세페이지 보다 첫 도입부에서 구매를 결정을 한다. 상품 등록에 있어서 키워드와 대표 이미지는 매장 문을 열고 들어오게 하는 포스터고, 상세페이지는 판매 직원이라 생각하고 작성하는 것이다.

우리도 제품을 사러 갔을 때도 단도직입적으로 상품 설명만 해주는 직원보다, 어떤 것을 원하는지 혹은 이런 것은 어떤지 상황에 맞게 권해주기도 하면서, 구매자에게 공감하며 필요한 것을 찾아주는 직원에게 호감을 느낄 것이다.

상세페이지도 그렇다. 소비자가 원하는 제품을 권하거나 사고 싶은 제품으로 소개하는 것이다. 아니면 이 제품을 반드시 구매해야만 하는 이유를 강조해 주는 것이다.

잘 만들어진 상세페이지를 벤치마킹도 하고 소비심리와 여러 가지 심리에 관련된 책들, 그리고 마케팅 책들을 많이 보는 것은 분명히 도움이 되었다. 다만 처음부터 완벽할 순 없기에 하나씩 공부해가며 적용해 봤다. 질문도 던져보고 근거도 들어보며 우선 첫 페이지에 하나씩만 바꿔보았다. 그러다가 제품마다 특성이 다른 것을 고려해 구매전환율 테스트를 해가며 바꿔 나갔다. 상세페이지는 계속 바꿔도 괜찮아서 수시로 바꿔가면서 반응을 살펴 보았다.

키워드 찾는 것에 비하면 상세페이지 만드는 것은 일도 아니었다. 오히려 반응이 있으니 재미있기까지 했다. 이것도 하나의 패턴으로 만들어서 적용하고 각각의 제품마다 특징을 부각해 다른 분위기로 만들어 가는 재미도 있었다.

제품 하나 등록하는 것도 처음에는 많이 힘들었는데 이제는 습관이 되어 그런지 예전만큼 힘들지 않았다. 처음 등록할 때는 3~4시간 정도 걸렸는데, 지금은 길어야 한 시간이고 보통 30~40분이면 충분하다. 키워드도 금방 찾고 상품도 실수 없이 등록한다. 역시 실력이 늘려면 실행과 시행착오가 필요하다. 실수가 실력이 되는 것이다.

처음 시작할 때는 정말 막막했었다. 모르는 것투성이였다. 그런데 지금은 위탁 판매도 할 수 있고 상세페이지도 만들 수 있는 사람이 되었다. 평범한 40대 주부로 남을 수도 있었는데 도전하며 새로운 세상을 알게 되고 또 다른 삶을 살 수 있게 되었다. 제2의 인생이 시작된 느낌이다.

전혀 다른 분야에 내디딘 나의 첫 발걸음은 버거웠으나, 어느새 미지의 세계에서 보내는 손짓에 응하는 듯 가벼워졌다.

Smartstore Knowhow 11

마흔 넘어 느껴보는 '100일의 기적'

드디어 상품 등록을 시작한 지 100일째 되는 날. 마지막 상품을 등록하는데 가슴이 콩닥콩닥 뛰었다. 하루도 안 빠지고 상품 등록을 100일간 해내는 날이다. 내가 계획하고 도전한 첫 번째 성공이 눈앞에 다가온 것이다. 이게 뭐라고 기분이 묘할까 싶었지만, 말이 100일이지 하루하루 자신과의 싸움이었다.

아파서 등록하기 힘든 날, 놀다가 늦어서 등록하기 싫은 날, 이유 없이 진짜 피하고 싶은 날 등등 다양한 이유와 핑계들을 뒤로하고 이 악물고 해낸 날들이었다.

나 자신에게 박수를 보냈다. 혼자만의 성공이지만 의미 있는 날이 틀림없다. 이제는 또 다른 도전도 할 수 있다는 자신감과 용기를 얻은 날이기도 하니 말이다. 미칠 것 같던 그날들, 포기했다면 오늘의 나도 없었을 것이다. 세상에 던져져도 다 할 수 있을 것 같은 자신감마저 생겼다.

기쁨과 설렘은 잠시 뒤로한 채 100일간의 미션을 완수했으니 이제 며칠만 쉬자는 생각이 들었다.

"내일부터 일주일은 주문 수집과 발송만 해 놓고 다른 건 아무것도 하지 않을 거야! 일단 100일 완주했으니 보상으로 일주일은 쉬면서 그간 못 본 영화도 좀 보고 해야지!"

100일간 힘들긴 힘들었나 보다. 하는 김에 쭉 하면 될 것을 악착같이 하지 않으리라 다짐하는 내 모습에 웃음이 났다. 101일째 되는 날은 상품 등록을 정말로 안 했다. 하기 싫었다. 쉬고 싶었다. 그런데 나도 모르게 노트북 앞에 앉아서 스마트스토어센터 로그인을 하는 것이었다. 쉬고 싶었는데 분명, 아무것도 안 하리라 하루 종일 외치고 다녔는데 습관이란 게 이런 것이었다.

이왕 앉았고 노트북도 켰으니 그냥 덮지 않고 그동안 올린 제품들을 살펴보았다. 수정할 게 있는지, 상세페이지를 보완하거나 설명할 게 있는지, 체크해 보고 주문 수량도 확인하고 중간중간 품절 제품을 삭제하고 밀린 후기들의 댓글도 달아주었다.

100일간의 긴 여정을 마치고 난 뒤 내 스토어는 완전히 달라져 있었다. '선택과 집중'이 신의 한 수였던 것이다. 3,000여 개의 제품을 모두 지울 때 들었던 두려움과 불안은 희망과 기쁨으로 바뀌어 있었다. 제품 하나하나에 정성 들여 등록한 결과물인지 '0'에서 시작한 내 스토어는 100일 도전 중에 당당히 '파워 등급'이 되었다. '무'에서 '유'를 창조한 기분이었다. 내 제품 하나 없이 위탁만으로, 마케팅 하나도 없이 순수 유입만으로 이뤄낸 성과라 이루 말할 수 없이 기뻤다.

스마트스토어를 처음 시작할 때는 금방 될 것 같지만, 막상 제품을 등록해도 검색이 안 되고 주문도 없는 것이 현실이었다. 하나의 제품을 판매하기 위해서는 많은 테스트와 시행착오가 필요했다. 등록한 제품이 검색되는지 확인해 보고, 5페이지 안에 나오지 않으면 키워드 조합을 또 바꿔가며 수정하고 또 수정했다. 그렇게 하나의 제품에 많은 정성과 애정을 쏟아야만 노출도 되고 주문도 들어왔다. 주문 들어온 제품을 확인하며 구매자에게 문자를 보냈다.

"안녕하세요. 고객님, 구매해 주셔서 감사합니다. 저에게 첫 구매 고객님이라 너무 감사하고 기뻐서 문자드립니다. 앞으로도 좋은 제품으로 보답하겠습니다. 좋은 하루 보내세요."

이렇게 문자 보내면 대부분 답이 없지만, 가끔 "네 사장님, 사업

번창하세요. 또 구매할게요" 등의 이런 답장이 오기도 한다. 그럼, 제품 10개 판매한 것처럼 기분이 좋아지곤 했다. 거기에 힘입어 고객 리뷰에도 정성껏 답변을 달고, 문의 글이나 전화가 오면 엄청 친절하게 응대하고 혼자 뿌듯해서 입가에 미소가 떠나질 않았다.

하나하나 정성으로 등록하고 응대하다 보니 "사장님이 친절해요"라는 리뷰가 꽤 많아지고 주문도 조금씩 늘어나기 시작했다. 그때의 생각은 '초보자인 내가 여기서 차별화 둘 수 있는 것이 무얼까?'라고 고민하다, 친절한 고객 응대밖에 없었기에 최선을 다했다.

내 스토어는 제품력이 있는 것도 아니고, 가격 경쟁력이 있는 것도 아니었고, 경험이 많아서 마케팅을 잘하는 것도 아니었다. 마케팅을 배워 잘했다면 더 좋은 결과가 있었겠지만, 그 당시에는 일을 분산시키면 안 될 것 같아 제품 등록에만 집중해야 했다. 아니 제품 등록만으로도 벅찼다. 그래서 내가 할 수 있는 것은 고객 응대뿐이었다. 위탁이다 보니 택배 포장 업무도 없고 주문이 많지 않아 시간적 여유도 있어서 바로바로 대답해 줄 수 있다는 것이 유일한 무기였다. 나부터도 주문하고 문의를 했는데 대답도 없고 연락도 안 되면 다시 주문하고 싶지 않았기에, 지금 내가 할 수 있는 최선을 다하고 싶었다.

그렇게 관리하다 보니 주문이 조금씩 늘어나기 시작했고 일명 '효자 상품'이라는 것도 나오면서 매출이 껑충 뛰었다. 효자 상품이란 상위 노출이 되어 판매가 급증하는 상품을 말한다. 나에게도 그런 효자 상품이 하나둘씩 나오기 시작했다. 그렇게 두 달 정도 지나고 나니 파워 등급으로 올라갔다.

'파워 등급'의 조건은 구매 확정을 기준으로 3개월 합산 판매 건수 300건과 매출 금액 800만 원 이상, 두 조건 모두를 충족해야 한다. 쉬워 보이지만 전혀 쉽지 않았다. 첫 달은 100만 원 판매도 안 돼서 이렇게 하는 것이 맞는 건지, 잘하고 있는 건지도 모르겠고 하기도 싫어지고 걱정도 됐었다.

판매에 따라 그날의 기분이 결정되기도 했었다. 다 그만두고 싶기도 했었다. 그러다가 다시 정신 차리고 '100일은 해보자 그때도 안되면 다른 길을 찾아보더라도 일단 해보자'라고 다짐하고 정신 줄 잡고 다시 등록하고는 했었다. 그러기를 얼마나 반복했는지 셀 수도 없었지만 감사하게도 100일간 노력의 결과가 파워 등급으로 보상을 받았다.

100일의 도전 성공이 내 스마트스토어 성공에 첫 디딤돌이 되었다. 곰도 사람이 된다는 100일의 기적. 어느새 나는 스마트스토어의 '스' 자도 모르는 사람에서 100일 동안 상품 등록을 성공한 사람이 되어 있었다. 노력이 배신하지 않았다. 100일의 도전이 무의미하지 않았음을 증명해 낸 것이다.

이 한 번의 도전이 나에겐 삶의 전환점이 되었다. 마흔이 넘어서 해보고 싶은 것이 생기고, 도전해 보고 싶은 일을 만나 수험생처럼 열정을 가질 수 있음에 행복하고, 그 도전에 대한 성공도 맛보니 잠재된 또 다른 나를 발견했다.

"나이는 숫자에 불과하다"라는 말을 실감해 본다.

Smartstore Knowhow **12**

밤바다와 함께 찾아온
첫 주문

    머리도 식힐 겸 무작정 동해 밤바다를 보러 가자고 차 키를 남편에게 안겨주었다. 두 시간을 달려 도착한 동해를 보니 눈시울이 뜨거워졌다. 몇 달간 스마트스토어 공부에 너무 얽매였나 보다.

    오랜만에 눈앞에 펼쳐진 바다를 바라보니 내가 인어였나 싶을 만큼 반가웠다. 달빛이 어찌나 밝은지 대낮 같은 바다에 취하고, 내 마음에 취해 '동전빵' 하나를 먹으며 답답한 마음으로 바다를 바라보았다. 자유롭게 날아다니는 갈매기가 부러웠다. 여기 동해에선 천적도 없고 먹을 것도 풍부하니 더할 나위 없이 행복해 보였다. 가끔 불쑥 튀어 오르는 물고기 잡기 위해 경쟁은 하겠지만 튀어 오르는 고기가 많아서 괜찮을 것이다.

'구매자가 갈매기인가? 난 튀어 오르는 고기를 많이 만들어내야 하는 판매자인데, 왜 나의 바다에서는 튀어 오르는 물고기가 없는 걸까? 튀어 오르기에는 내 스토어에 물이 적은 건가? 튀어 오를 힘이 없는 물고기들뿐인가?'

머릿속은 온통 스마트스토어 생각뿐이었다. 매듭을 풀고 싶은데 꼬여있는 줄도 모르는 바보인가 싶다가, 열심히 찾는데 안 보이니 답답하고 해결책은 또 모르겠고 꼬리에 꼬리를 무는 생각들로 복잡하기만 했다. 더이상 생각하기 싫어 바다나 실컷 보고 가자는 마음으로 저 멀리 떠 있는 오징어잡이 배들에 켜져 있는 불빛만을 멍하니 바라보았다.

"띵!"
전화기에서 내가 처음 듣는 짧고 굵은 알림 소리가 울렸다. 전화기를 꺼내 화면을 켜고 어디서 울린 알람인지 확인하기 위해 스크롤 바를 내렸다.
"주문이 들어왔습니다."
눈을 비비며 다시 한번 확인하고 또 했다. 심장이 콩닥콩닥하는 소리가 전화기 알림 소리보다 더 크게 들리는 듯했다. 떨리는 손으로 살포시 터치했다. 진짜 주문이 들어온 것이다. 드디어 첫 주문이 들어왔다.

"꺅! 자기야, 나 주문 들어왔어. 진짜 주문이야~ 신기하다. 너무 신나! 근데 어떻게 내가 등록한 제품을 찾았을까? 여하튼 너무 감사한 고객님이야! 이렇게 밖에 나와 있는데 주문이 들어오다니, 앞으로 이렇게 쭉쭉 들어오면 진짜 신날 거 같아."

앞으로도 계속 주문이 이렇게 들어올 것을 상상하니 좀 전의 우울함은 순식간에 희망으로 바뀌어버렸다. 세상이 다 내 것 같았다. 우울하게 바라보던 오징어잡이 배의 불빛이 희망의 빛으로 바뀌는 순간이었다. 그동안의 고생과 수면 부족 따위는 어디로 가고 희망의 빛줄기가 내 앞에 나타난 것이다.

주말마다 서울을 왔다 갔다가 하며 위탁 대량 등록 솔루션 프로그램을 배워 등록한 후 들어온 첫 주문이었다. 물론 나중에는 모두 삭제했지만 이때의 첫 주문은 잊을 수 없었다. 누구나 꿈꾸고 바라는, 자면서도 돈이 들어오고 하루 4시간만 일하며 수익을 창출할 수 있다는 그 파이프라인이 나에게도 이루어질 수 있다는 이 설렘과 감동은 시간이 지났어도 잊히지 않는다.

첫 주문이 빠르면 2~3일 늦어도 3주나 한 달 안에는 들어오니, 등록하면서 조급해하지 말고 차분히 기다려보라는 선배들의 말이 떠올랐다. 등록하면서도 '주문이 과연 들어올까?'라는 궁금하고 내심 의심도 되었었다. 잘 될 것이라 믿으면서도 과연 팔릴까 하는 의구심을 떨쳐버릴 수는 없었으니 말이다. 그러면서도 주문이 많이 들어

오길 바라는 마음으로 등록을 했었다.

내 첫 주문은 빠른 편이 아닌 '늦어도 3주'에 속했다. 등록하고 3주 정도 지나도 주문이 한 건도 없어서 나는 '이게 아닌 건가? 계속해야 하나, 그만해야 하나?'를 고민하며 보러 간 바다였는데, 거기에서 희망의 빛을 보니 바다가 사랑스러워 보였다. 계속하라는 하늘의 계시가 아닌가 하는 생각과 함께 집으로 돌아가면 더 열심히 하리라 다짐하며 두 주먹을 불끈 쥐었다.

"자기야, 밥은 집에 가서 배달시켜 먹고 빨리 집에 가자. 나 이거 주문 처리해야 해."

처음 들어온 주문이라 설렜지만 한 번도 해보지 않은 것이라, 마냥 바다를 보고만 있기에는 내 마음이 진정되지 않았다. 빨리 집에 가서 노트북을 열고 주문 처리를 해야만 했다.

집으로 가는 내내 바다는 어디로 가고 없고 머릿속에는 '진짜 주문이 맞겠지? 가는 동안 취소하는 건 아니겠지?'라는 걱정과 불안이 들어오기 시작했다. 고객이 제품을 받을 때까지 마음을 놓을 수가 없는 일이었다. 구매자에서 판매자로 바뀌니 주문 한 건에도 마음이 이렇게 다르게 느껴졌다.

필요한 제품을 편하게 주문하는 곳이 온라인 쇼핑몰이라 생각하고 쉽게 주문하고, 잘못 주문하거나 마음에 들지 않아서 반품했던 기억이 떠오르니 더더욱 손에 땀이 나기 시작했다. 구매자와 판매자 서로의 입장에 따라 이렇게 다르게 받아들여지고 있음을 깨닫는 순간이었다.

쇼핑몰에 등록된 제품 하나하나에 판매자의 간절함이 들어있다고 생각하니 등록된 상품들이 달리 보였다. 비록 주문 한 건일 수도 있지만 나에게 첫 주문은 다시 일어서게 하는 원동력이 되었다. 포기하고 싶은 그 순간에 '짜잔'하고 찾아와 계속하라는 신호를 준 것이다.

"주문이 들어왔습니다."

Smartstore Knowhow 13
똥줄 태우는 송장 번호

〈유효한 송장 번호가 아닙니다.〉

"왜 자꾸 이러지? 3456…. 맞게 입력했는데?"

아무리 보아도 틀린 숫자가 보이지 않았다. 순서도 맞고 자릿수도 맞는데 뭐가 문제인지 보고 또 봐도 모르겠다. 코 평수가 넓어지고 목덜미가 당겨온다.

"다시 한번만 더 보자. 34566887…."

숫자를 띄어놓고 또 보고 또 봐도 내 눈에는 다른 것이 없었다. 멘탈이 가출하기 일보직전이다. 다시 마지막으로 한 번만 더 입력해 보고 안 되면 업체에 전화해 볼 심산이었다. 왜 잘못된 송장 번호를 줬느냐고 따질 기세였다. 그런데 심호흡을 하고 다시 입력하려는데 번뜩 생각이 스치는 것이 있었다.

"아, 맞다. 복사하면 되지? 그게 왜 생각 안 났지?"

다시 마우스로 손을 옮겨 영역 지정 후 우측 마우스 버튼을 클릭. 복사해서 붙여 넣고 발송 처리 버튼을 눌렀다. 제발 완료되었다고 나오기를 간절히 바라면서 모니터에 초집중했다. 그리곤 모니터에 〈저장되었습니다〉라는 문구가 나오는 순간 온몸에 힘이 빠졌다. 너무도 간단하게 송장번호 등록이 성공한 것이다.

아까도 분명히 맞게 입력했는데 그전에는 왜 유효하지 않다고 나왔는지, 살짝 화끈거리며 부아가 치밀어 올랐지만 다시 한번 숫자를 점검해 봤다.

사람은 보고 싶은 것만 보고 그게 전부인 줄 알고 잘못된 오류를 많이 범한다는데 내 모습이 딱 그랬다. 66887인데 계속해서 68887로 입력을 했었다. 몇 번씩 봤지만 알아채지 못하고 내가 옳다는 생각에 갇혀 놓친 것이었다.. 그 덕분에 정말 간단하지만 놓치고 있던 '복사', '붙여넣기'를 하게 되었으니, 한 걸음 전진을 위한 이 보 후퇴였다고 생각하기로 했다.

지금은 주문이 들어오면 발송 처리를 하는 과정이 너무나도 쉽고 아무것도 아니지만, 처음에는 발주 확인도 할 줄 몰라서 한참을 찾았다. 보이고 나면 안 보려고 해도 보이는 것을, 그때는 계속 찾아도 보이지도 않고 당황해 버리니 더 안 보였다.

겨우겨우 찾아서 발주 확인 버튼을 누르니 〈선택하신 1개의 주문 건 중 1개의 발주 처리가 가능합니다. … 발송 기한 내 발송 처리가 진행되지 않으면 판매관리 페널티가 부여되니…〉라는 판매 페널티가 부여된다는 문구에 가슴이 철렁했다.

'확인'을 누를지 '취소'를 누를지 잠시 고민했지만 일단 확인을 눌렀다. 그다음에는 뭘 해야 할지 몰라 기다렸는데 아무런 '팝업pop-up, 웹 페이지에서 여러 가지 사항을 안내하는 창'도 뜨지 않고 화면은 그대로 정지 상태다.

다음에는 뭘 해야 할지, 이런 걸로 강사님께 물어보려니 낯부끄러웠다. 기본적인 것도 모르고 스토어를 운영한다고 생각할 것 같아서 물어볼 수가 없었다. 이미 충분히 왕초보자에 바보 같은 질문과 다른 분들보다 더디게 따라가고 있었기에. 이 질문만큼은 마지막 남은 자존심이 허락하지 않았다. 자존심보단 해결하는 게 정답이지만 정말로 물어보기가 싫었다.

결국 하루 종일 먹이를 찾아 헤매는 하이에나처럼 미친 듯 클릭을 해대며 방법을 찾았다.

1 스마트스토어센터에 로그인을 한다.

2 스토어 메뉴의 판매관리에서 '발주(주문) 확인'을 클릭하거나 신규 주문 옆에 떠 있는 숫자를 클릭하면 발송 처리를 할 수 있는 페이지로

〈네이버 발주관련 화면〉

넘어간다.

❸ 주문 내역을 확인 후 체크한 다음, 위쪽이나 아래쪽 어디든 상관없이 '발주 확인'을 클릭한다.

❹ 팝업이 뜨면 메세지를 읽어본 후 '확인'을 클릭한다.(페널티 어쩌고 했던 내용의 팝업이 뜬다)

'페널티'란 판매자가 스마트스토어 개설 시 약속한 기본 조건들을 이행하지 않았을 시 부여되는 벌점이다. 10점 아래로는 큰 타격은 없지만, 많이 쌓이게 되면 노출이 중지되거나 상위 노출 혹은 노출 순위가 밀려서 판매에도 영향을 미치게 된다. 벌점이 계속 유지될 시에는 쇼핑몰이 강제 폐쇄까지도 된다.

발주 확인 시 뜨는 팝업의 내용은 대략 〈구매자에게 상품 준비 중으로 뜨며 발송 기한 내에 발송 처리를 하세요〉라는 내용이다. 발주 확인 후 영업일 기준 3일 이내에 송장 번호를 입력하는 발송 처리 과정을 거쳐야 페널티가 없다.

발송이 늦어질 것 같아 발주 확인을 늦게 해도 페널티가 부여되기에, 주문이 들어오면 발주 확인도 2일 이내에 확인해야 한다. 발송이 늦어질 때는 발송 지연 처리 버튼이 따로 있어서 발주 확인 후 발송 지연 처리를 해주면 페널티는 받지 않는다.

5 발주 확인 후 업체에서 송장 번호를 보내주면 택배사와 번호를 입력 후 저장하면 끝이 난다.

우리의 할 일은 여기까지다. 배송이 늦어지거나 분실 등 다양한 택배 사고는 택배사에 문의하고, 제품 관련은 도매 업체에 문의하면 된다.

온종일 검색하며 찾느라 시간은 보냈지만 내 마음의 깜깜한 먹구름은 걷히고 맑은 하늘로 바뀌어있었다. 첫 주문의 설렘은 잊은 채 발주 확인에서 발송 처리까지 진땀 뺐지만 말이다.

알면 쉽지만 모를 때는 어렵다. 스마트스토어는 처음이라 모르는 게 당연한 건데 모르는 것을 모른다고 할 수 없었던 이 심정 누가 알아줄까.

사실 '발주 확인' 버튼을 눌러줘야 한다는 것도 이번에 알았다. 발주 확인을 하면 판매자는 배송 준비로 구매자에게는 '상품 준비 중'으로 보인다. 이 버튼이 판매자도 구매자도 지켜주고 있다는 생각이 든다.

구매자는 판매자가 발주 확인을 누르기 전에는 자유롭게 취소할 수 있다. 하지만 발주 확인 후에는 취소 요청을 하려면 판매자가 승인해야만 취소가 된다. 이때 구매자의 취소 사유 확인 후 처리가 가능하기에 이유도 모르는 취소 건이나, 상품을 준비하고 도매처에 발송 요청 후 들어오는 취소 건을 효율적으로 관리할 수 있다.

발주 확인도 제대로 못 하고 송장 번호 입력도 오만상을 쓰며 버벅대 가면서 배우고 있지만 주문 자체가 신기하고 가슴 설레게 한다. 첫 주문이 첫사랑 같다. 누구에게나 서툰 첫사랑이듯이 첫 주문을 받고 구매자에게 도착하기까지 서툴지만 두근거림을 멈출 수가 없으니 말이다.

마지막 화룡점정은 구매자의 별 다섯 개 리뷰이다. 리뷰에 감사의 답장을 달 때면 콧노래가 나오고 입가에 미소가 지어진다. 더 좋은 제품을 많이 올려서 더 많이 팔아야겠다.

Smartstore Knowhow 14

교환 접수에 철렁, 반품 접수에 뜨헉

"띵!"

짧고 경쾌한 소리가 너무나 반갑다. 다른 것을 하다가도 이 소리가 들리면 조용하던 심장이 '콩닥콩닥' 알림음 소리에 대답하듯이 울린다. 주문 들어온 소리라는 것을 알고 있기 때문이다. 주문 알림음은 언제 들어도 좋았다. 그 일들이 일어나기 전까지는 말이다.

여느 날과 다름없이 맑고 경쾌한 소리가 내 귓가를 두드렸다. 바지에 손을 쓱쓱 닦고 전화기를 열어 확인해 보는데, 신규 주문에 숫자가 '0'이다.

"뭐지? 분명히 알림음 들었는데!"

다시 확인해 봐도 '0'이다. 오류가 난 건가 싶어 창 닫기를 한 후 재실행해 보았는데 여전히 '0'이다. 누가 주문하고 바로 취소했나 보다. 가볍게 생각하고 다시 일상으로 돌아갔다. 한참 후 다시 울리는 주문 알림 소리에 취소 후 다시 주문했다고 생각하며 확인하니 또 '0'이다. 또 다시 주문 확인 창을 닫으려는 순간 아래쪽에 '1'이 보이는 것이 아닌가. 바로 교환 요청 건이었다.

"교환? 이건 또 어떻게 처리하지?"

주문은 익숙해져서 이제 잘하는데 교환 건은 처음이다. 발송 처리의 경험으로 교환 접수 건으로 들어가 교환 사유를 확인하니 사이즈가 안 맞아서 교환 처리해달라고 되어 있었다. 머릿속이 갑자기 정리가 안 된다.

"처리 순서가 뭐부터지? 교환할 제품이 이미 수거되었다고?"

부랴부랴 수거지 주소를 확인해 보니 업체 주소로 등록해놓지 않은 탓에 내게로 배송된다는 것이었다. 오전에 울린 알림이 이거였는데 확인을 못 해 놓친 것이었다. 확인을 안 하니 확인하라고 또 울린 알람이었다.

"침착하자, 침착하자. 이게 뭔 큰일이라고."

마음을 진정시킨 후 '도매매' 플랫폼을 쓰고 있어 그곳으로 전화를 하니 구매한 곳에다 교환 신청을 하라는 답변뿐이었다. 좀 더 자세히 알려주길 바랐지만 거기까지였다.

도매처의 연락처를 찾아서 일단 전화했다.

"안녕하세요. 스마트스토어 판매자인데 발주 넣은 제품 교환 건으로 접수가 되어 연락드렸어요. 정말 정말 죄송한데 제가 완전 초보자라 교환을 처음 받아봐서 어떻게 처리하는지 하나도 모르겠어요."

"아~네…. 저희는 스마트스토어 운영을 안 해서 처리 과정을 잘은 모르지만 이렇게 전화 주시는 분들이 꽤 계서서 그분들께 들은 정도만 알려 드릴게요."

"감사합니다."

이렇게 친절한 도매처라니 너무 감사해서 앞으로는 여기와만 거래하고 싶다는 생각까지 하면서 알려주시는 대로 하나씩 처리했다.

"이미 수거된 제품은 도매처에서 따로 수거 접수해도 수거가 안 될 수는 있으나 접수는 해볼게요. 대신 구매자에게 스마트스토어 수거 업체에서 오면 거절하라고 꼭 전달해 주세요. 제품 회수를 거부하면 네이버에서 재수거는 하지 않으니 걱정 안 해도 되고, 그렇게 해야 도매 업체에서 접수한 택배 기사님이 방문하셨을 때 물건이 전달될 수 있어요. 교환 건은 수거 후 제품 하자 확인하고 원하는 제품으로 재발송 처리가 원칙이지만 우선 먼저 재발송 처리해 줄 테니 구매자에게 수거 안내만 꼭 해주시고요. 스토어는 수거 완료 누른 후 재발송 처리 눌러서 다시 보내는 송장 번호를 입력하면 됩니다. 그리고 도매매 사이트에는 교환 접수를 해야 하니 잊지 말고 접수하셔야 합니다."

아무것도 모르는 나에게 시간을 써 가며 자세히 알려 주서서 너무 감사했다. 나도 그 어떤 전화에도 이렇게 친절히 응대해야겠다고 마음먹으며, 교환 건은 무사히 마무리되었다.

며칠 후, 주문 알림 소리에 들어가 보니 주문에 또 '0'이 있다. 이젠 며칠 전의 경험으로 아래쪽에 숫자도 확인해 본다. 교환 건은 이미 한 번 처리해 봤으니 어렵지는 않지만, 너무 번거롭고 복잡하게 느껴지는 업무였기에 아니길 바랐다. 조심스레 확인하니 다행히 교환 건은 아니었다.

하지만 이번에는 반품이다. 반품 역시 확인해보니 다른 도매처 제품이라 그곳에 전화를 했다. 제품 불량으로 반품이 들어온 것인데 배송료를 내가 부담해야 하는 걸로 나와 있어서 업체에 확인이 필요했다. 한 번, 두 번, 세 번의 전화에도 연락이 안 된다. 문자를 남겨놔도 답도 없다. 속은 타들어 가고 머릿속은 반품 접수 건으로 가득 차 있어서 답답했다. 일 처리가 안 되고 있으니 다른 것도 손에 잡히지 않았다. 하는 수없이 여기저기 카페며 블로그며 검색해가면서 겨우겨우 찾아 처리하고 나니 하루가 다 지나가 버렸다.

주문 처리보다 훨씬 복잡한 교환 처리와 반품 처리가 초보자인 나는 무서워졌다. 이렇게 배워 가는 것이라 하지만 처음 겪는 일에 당황하니 멘탈이 무너져내렸다. 그래도 주문 건이 더 많아서 다행이라며 위로하던 중 또 알람이 울렸다. 확인하니 이번에는 주문이다.

'3'

주문이 세 건이나 들어왔다. 시간이 지나면서 주문이 늘긴 늘어 가는 것이었다. 가벼운 마음으로 터치해서 주문을 확인 후 자연스럽게 발주 확인 누르고 도매매 업체에 발주를 넣으려고 로그인을 했다. 제품번호를 검색해서 발주만 넣으면 된다. 이젠 너무나 간단한 일이라 편하게 검색했다.

순간 〈상품을 찾을 수가 없습니다〉라는 문구에 눈을 의심했다. 다시 검색해 봐도 똑같은 창만 계속 뜬다. 침착하게 대응했다. 이런 일은 생각보다 비일비재하다고 들었기에 차분히 다시 검색해 보고 상품이 없는 것을 확인 했다. 들어온 주문이 아깝고 속상하지만, 위탁 판매의 비애이기에 겸허히 받아들이기로 했다. 직접 사입해서 재고 쌓이는 리스크가 없으니 이 정도는 충분히 감당할 수 있다. 사실, 아깝기는 하지만 따지고 보면 손해는 없다. 품절 취소는 판매자가 직접 하면 페널티가 있기에 구매자분께 품절 안내를 해 드리고 취소 요청을 정중히 부탁하고 마무리 지었다.

한 달 두 달 운영하니 다양한 사례들을 겪으며 조금씩 전문가가 되어가고 있는 듯하다. '내가 위탁 판매를 해낼 수 있을까?'라는 생각에 겁이 난 적도 많지만, 그 안에서 하나씩 처리를 해보니 다 방법은 있었다. 위탁 판매의 장단점은 다음과 같다.

위탁 판매의 장점

- 재고 부담이 없다.

- 초기 비용 부담이 적다.

- 택배 및 상품 포장 업무가 없다.

- 다양한 제품들을 등록할 수 있다.

- 제품 파손 등에 대한 리스크를 감당하지 않아도 된다.

- 언제든 제품을 등록하고 삭제할 수 있다.

위탁 판매의 단점

- 마진율이 낮다.

- 제품의 특성을 정확히 알지 못해 가끔 문의 글에 답변하기 힘들다.

- 보낸 제품을 눈으로 직접 볼 수 없어서 불안할 때가 있다.

- 내 제품이 아니다 보니 애착이 덜하다.

가장 큰 단점은 마진율이고 가장 큰 장점은 재고 부담이 없어서 초기 비용이 적다는 것이다. 그러니 장단점을 잘 생각하여 본인에게 맞는 방법으로 운영하면 된다. 위탁 판매라고 더 쉽지도 않지만, 너무 걱정할 필요도 없다. 뜻이 있는 곳에는 반드시 길이 있다. 스마트 스토어를 운영하다 보면 분명히 방법이 나온다.

 **알아두면 좋아요!**

도매매 플랫폼이란?

'도매매' 플랫폼은 사업자를 위한 위탁도매 사이트이다. '도매꾹'과 자회 사이지만 도매매는 사업자 인증을 받아야만 이용가능하며, 승인받은 사업자들은 한 개부터 발주 가능하다. 상세페이지도 모두 사용가능해 처음 시작하는 분들이 사용하기에 접근성이 좋다.

판매자 정보도 나와있어서 직접 사입하고 싶은 경우 연락도 가능하며 결제 시스템도 현금, 카드 모두 자유롭다. 플랫폼마다 다르나 어떤 플랫폼은 충전식 결제거나 사업자 정보가 없어서 제품 문의가 어려운 경우도 있다.

초보일 경우에는 도매매 플랫폼을 최대한 활용해서 경험을 쌓아보는 것도 좋다. 그 외에도 많은 도매 사이트들이 있다. 예를 들면 '온채널', '도매토피아', '오너클랜' 등이 있다.

Smartstore Knowhow 15

날 들었다 놨다 하는 위탁업체

하루는 경쾌하게 들리던 주문 알림 소리가 점점 걱정 반 기대 반으로 확인하게 되는 또 다른 사건이 생겼다.

요즘 한 제품의 주문이 늘기 시작하더니 하루에도 몇 건씩 들어온다. 이 제품이 효자 상품이 되는 건가 하며 신나게 주문을 확인하니, 오전에 발주 넣은 그 제품이 오후에 또 들어온 것이었다. 그것도 박스로 주문이 들어왔다. 심지어 재주문 고객님이었다. 감사 문자까지 보내고 발주하려고 도매매 사이트에 접속을 했다.

그런데 창이 커지고 내 두 눈을 의심했다. 오전까지 괜찮았는데 그사이 가격이 두 배로 올라 있었다. 잘못 적힌 건가 다시 검색해 봐도 같았다. 당황스러운 마음에 업체로 전화를 걸었다.

"안녕하세요? ○○○ 제품을 주문하려고 보니 가격이 잘못된 거 같아요? 오전에도 발주 넣었었는데 그때와 너무 차이가 나서요."

"아 네. 그러셨구나. 근데 지금, 이 가격이 맞아요. 제품 수량이 얼마 없어서 위탁으로 드리지 않고 저희가 재고 보유하고 판매해야 할 거 같아서요."

본인들 제품을 본인들 판매를 위해 가격 올렸다는데 뭐라 할 말은 없지만 사실 황당하고 어이가 없었다. 전화하기 전 타 사이트에 판매하는 것을 봤는데 도매가보다 저렴하게 판매하고 있었다. 다시 숨을 한번 고르고 말했다.

"죄송하지만 이번 건만 원래 가격으로 처리해 주시면 안 될까요? 재 주문 고객님이라 꼭 드리고 싶어서요."

"규정상 안 됩니다."

그렇게 통화는 끝이 났지만 나는 끝을 낼 수가 없었다. 어떻게 처리해야 현명한 걸까를 계속 고민하다, 믿고 구매해 주신 고객님께 취소 문자를 보낼 수 없어서 다른 사이트에서 주문해 선물하기처럼 보내드렸다. 금전적으로는 손해였지만 왠지 믿고 구매해 주신 분이라 믿음을 저버리기 싫었다. 스스로 위안일지라도 말이다.

이 건을 마지막으로 그 제품은 삭제해버렸다. 삭제하는데 화가 났다. 도매처에서 본인들 제품 마음대로 하는 것은 어쩔 수 없지만 서러웠다.

이런 일들을 겪고 나서 주문 알림 소리를 바꿨다. 마냥 경쾌하고 좋지만은 않았다. 설레게만 했던 알림 소리가 점점 나를 슬프게 만들어 갔다. 알림 소리만으로 어떤 내용인지 확인을 할 수가 없으니 말이다.

알림 소리 하나에 '주문이구나' 하고 보다가 '또 반품이나 교환이면 어쩌지?' 하는 생각이 먼저 들어 늘 긴장하며 확인하게 된다. 배송 출발 확인 전까지는 걱정부터 앞서고 두렵기까지 했다. 또 반품이나 교환일까 봐, 주문인데 품절이나 취소할까 봐서 말이다. 자라보고 놀란 가슴 솥뚜껑 보고 놀란다고 확인하기도 전에 심장이 먼저 뚝 떨어졌다.

반갑지 않은 알림음을 바꾸고 싶어 찾아보니 주문을 알려주는 앱이 있다고 해서 다운받고 연동한 후 새로 설정을 했다. 네이버에서 제공하는 알림이 전부인 줄 알았는데 다양한 앱이 나와 있었다. 그중 나는 '셀러체크'라는 앱을 사용했다. 우선 연동이 쉬웠고 일정 주문 건이나 4개 정도의 쇼핑몰 연동은 무료로 사용할 수 있어서 초보자가 쓰기에 편했다.

주문은 '주문' 반품은 '반품' 교환은 '교환' 이렇게 알림음이 온다. 소리만으로 먼저 확인이 가능하니 확인 전 두근거림도 사라졌다. 이제는 마음 편하게 알림을 들을 수 있게 되었다.

스마트스토어는 참 매력적이다. 주문이 들어오고 판매될 때는 하늘을 나는 것 같다가도, 반품이 뜨면 안전장치 없이 내팽개쳐 처지는 기분이다. 오르락내리락하는 감정의 롤러코스터를 하루에도 수십 번씩 탔다. 하지만 내가 공들여 등록한 제품들이 판매되고 노출되는 것을 보면 신기하다. 광활한 우주처럼 끝을 알 수 없는 온라인상에서 내 스토어가 그리고 내가 등록한 제품이 검색되어 노출되고, 판매돼서 수입으로 이어진다는 사실이 마냥 놀랍기만 하다.

스마트스토어는 무슨 일이 일어날지 미리 알 수가 없다. 그러나 다행인 것은 해결 방법은 있다는 것이다. 나만 성실하게 판매하고 리뷰나 문의 글 관리를 잘하면 된다. 그러니 미리 겁먹지 말자. 완성도가 중요한 것이 아니라 완성해 나가는 것이 더욱 중요한 것이다. 완주를 목표로 하는 마라톤이라 생각하자. 중간에 이탈만 하지 않는다면 골인 지점은 그 자리에서 나를 기다리고 있을 것이다.

반품 교환 등으로 나를 소심하게 만들기도 하고 툭툭 던지듯 들어오는 주문에 희망도 주는 스마트스토어는 참으로 매력 있는 곳이다.

Smartstore Knowhow 16

초보 셀러에게만 접근하는 버섯 진상

〈버섯 진상〉

내 휴대폰에 저장된 한 고객의 저장명이다.

"여보세요."

"거 버섯 파는데 맞는교?"

"네. 맞아요."

"내가 버섯을 좀 주문할라카는데 인터넷 주문 이런 게 익숙하지 않아서 뱅킹 해줄 테니 버섯 좀 보내줘 보소. 중간 걸로 3킬로만 보내주소~~."

'이걸 3킬로나? 뭐지? 어쩌지? 스토어 주문이 편한데 뱅킹이라고? 현금거래는 안 하는 게 좋다고 했는데….'

망설이는 것을 눈치챘는지 걱정하지 말라며 나이가 있어서 인터넷으로 카드 결제를 못 해서 그런다고 하신다.

"문자로 주소 보내줄 테니 버섯 보내주이소. 계좌번호 보내주면 바로 입금해 드릴게."

"네, 알겠습니다."

전화를 끊고 어떻게 하는 게 나을까 고민하다가 걸려 온 번호로 다시 문자를 보냈다.

"주변 분들께 결제를 부탁하실 수는 없을까요?"

아무래도 금액이 80만 원이나 되다 보니 네이버를 통하는 게 나을 것 같다는 생각이 스쳤다. 돌아온 대답은 그냥 뱅킹할 테니 계좌번호 빨리 보내라고 하신다. 공장을 하는데 직원들과 회식할 때 먹을 거라 내일 바로 보내달라고, 늦으면 못 먹으니 걱정하지 말고 계좌번호 달라고 하신다.

"아니, 돈 준다는데 뭐가 걱정인교. 돈 받고 물건 보내주면 되지."

그랬다. 돈 먼저 받고 보내는 데 문제 될 것은 없을 것이라고 생각을 했었다. 입금 확인 후 제품 발송까지 완료했다.

며칠 후, 그 전화를 받기 전까지는 다 완료된 주문 건이라 생각했다.

"여보세요~~. 여 며칠 전 버섯 주문한 사람인데 버섯이 와 이렁교? 3분의 2가 벌레 먹은 걸 보내면 어쩝니까? 하나도 못 먹고 다 버렸다아잉교."

"예? 벌레라고요? 하나 정도에서는 있을 수 있는데 그렇게 많이 있지는 않아요. 직접 다 확인하고 보낸 건데 포장할 때는 벌레가 없었어요."

"내가 거짓말 한단 말이가? 안에 자르니까 다 벌레더구먼, 더러워서 못 먹고 다 버렸는데 어쩔 랍니까?"

손은 떨리고 머리는 하얘지고 경험 부족으로 이 일을 어떻게 처리해야 할지 몰라, 일단 업체에 전화를 해서 자초지종을 설명했다. 절대 그럴 리 없다고 본인들도 검수하고 하나하나 다 포장해서 보낸 건데 3분의 2 가까이 벌레가 있다는 것은 있을 수 없는 일이라고 했다.

어디 물어볼 곳도 없고 답답할 노릇이었다. 일이 아무것도 손에 잡히지도 않고 어떻게 수습해야 하나 걱정뿐이었다. 물어볼 곳도 의논할 곳도 없으니 더 마음이 답답했다. 업체에 한 번 더 연락했지만 직접 검수한 것이라며 깨끗한 것으로, 원래 주문한 것보다 더 좋은 것으로 보내서 벌레 있다는 것은 믿을 수가 없다며 이건 보상해 줄 수가 없다고 했다.

고객님이 보내온 그 사진들을 재전송해 줬지만 이럴 리가 없다고 안 된다고 한다. 순간 섭섭함은 이루 말할 수 없었지만 내가 내 눈으로 확인 안 한 잘못이니, 모두 떠안아야 한다고 생각하고 고객님께 전화를 했다.

혹시 다른 곳에서도 버섯을 주문하셨는지 물어보고, 검수는 확실히 해서 보냈고 벌레 없는 걸로 보냈다는데 확인 한 번만 더 해달라고 했더니 노발대발하며 당장 대구로 오겠다고, 검수한 사람 만나러 가겠다고 소리를 지르고 난리였다. 그분을 겨우 진정시키고 그러면 죄송하게 되었으니, 절반을 다시 보내주겠다고 하니 3분의 2가 그런데 반이 뭐냐며 경찰에 신고한다고 고래고래 고함을 질러댔다.

그래도 자초지종을 설명하고 이러저러하게 보낸 제품이라 업체 측에서도 보상을 못 해줘, 내가 다시 구입해서 보내는 것이니 조금만 양해해 달라고 사정을 했다. 그리고는 절반으로 조율하여 업체에 연락해 반만 다시 보내달라고 요청을 했다. 업체도 마음이 불편했는지 새로 보내는 것을 1.5킬로씩 반반 부담해서 보내자고 하였다. 그것만으로도 감사했다.

이번에 보낼 때는 보내는 제품 사진과 영상을 찍어서 전송도 부탁했다. 사진으로 확인하고 중품中品 주문이었으나 상품上品으로 다시 보내고 일단락되는 듯했다.

며칠 후 다시 전화가 왔다. 이때까지도 번호 저장을 해두지 않아서 누군지 모르고 받았다.

"봐라. 전에는 벌레 있는 거 보냈더니만 이젠 중국산을 보냈네."

이젠 반말까지 하며 전화하신다.

"원산지 중국산이라고 표기하고 스토어에도 중국산으로 되어 있는데요."

"국산이라고 그래서 산 건데 왜 중국산이냐고."

"국산이라고 한 적 없습니다."

"당장 대구 갈 테니 딱 기다리라."

이러고는 끊어버린다. 미치고 환장하고 팔짝 뛸 노릇이다.

그리고 다시 며칠 뒤였다. 분이 삭히질 않아 지인들과 수다라도 떨면 가라앉을 것 같아서 친구들에게 문제의 사진을 보여주었다. 그랬더니 한 친구가 사진이 이상하다고 자세히 보라고 했다.

세상에, 6~7장의 사진이 다 같은 버섯인 것을 그때야 눈치챘다. 돌려서 찍고 부분부분 나눠서 찍었던 것이었다. 벌레 구멍이 다 같은 모양이고 버섯도 같은 버섯을 확대해서 앞뒤 좌우로 찍은 것이었다. 정신 차리고 보니 우리가 보낸 버섯과 색깔도 달랐다. 이미 오래된 버섯이었던 것이다.

분해서 당장 따지고 싶었으나 심증뿐이고 이런 경험은 처음이라 대처도 미흡해서 돌이킬 수 없었다. 그때 벌레 있다는 버섯을 반송시켰어야 했는데, 그 생각은 못 하고 그저 죄송하다고만 하고, 소리를 고래고래 지르니 겁먹어서 뭐라 말도 못 했었다.

여기저기 알아보았더니 사기꾼한테 걸린 것이었다. 거래의 흔적은 남기지 않고 제품을 받아 간다고 한다. 초보자라 대처를 잘못하는 것을 알면 소리부터 질러 겁주고 강탈하다시피 물건으로 받거나 환불을 요구한단고 했다.

  예전 신사임당 님 강의에서 들었던 말이 생각났다. 초보자 분들은 스토어를 하면서 합법적 사기를 많이 당한다고 하였다. 사기는 사기인데 법적으로 어찌하지 못해서 그렇게 부른다고 한다. 바가지 쓰는 것은 기본이고 제품 사기도 많이 당하는데, 초보자 분들이 알아서 피할 수밖에 없다. 누구든 겪어야만 초보를 벗어나는 관례처럼 나 또한 피해 가질 못했다.

  그렇게 친구들을 만나고 몇 시간 뒤, 고객에게 다시 전화가 왔다. 거절했다. 받으면 싸울 것 같아았다. 그러고는 아주 점잖게 '버섯 진상'으로 저장했다. 그런데 거절하니 10분 간격으로 계속 전화가 왔다. 정말로 경찰에 신고해 버리고 싶었다.

  전화가 끊임없이 와서 결국 남편한테 전화기를 넘겼다. 남편에게 이미 친구들과 확대해서 본 버섯 사진 이야기를 모두 들려준 뒤였다. 화가 난 남편이 전화기를 받았다.

  "지금 뭐 하는 겁니까? 다른 곳에서도 이렇게 하십니까? 벌레도 다른 곳에서 산 사진을 교묘하게 편집해서 덮어씌우셨더군요. 저기요. 그렇게 당당하면 환불을 해줄 테니 지금 당장 그 버섯 그대로 들고 대구로 오세요."

그러자 그 고객은 아무 말 없이 전화 끊고는 그 뒤로는 더 이상 연락이 오지 않았다. 그후 나는 꼴도 보기 싫은 버섯 판매는 바로 중지하고 삭제해버렸다.

지금에서야 안 것이지만 조금의 경험만 있으면 초보 스토어, 위탁 스토어, 전문 스토어 등이 모두 구분되어 보인다는 것이다. 올린 제품의 스타일에서 초보 스토어와 전문 스토어가 차이가 있을 수 있고 제품 수, 방문 수, 알림 받기 수, 배너, 등급 등 기본적인 것부터 제품 등록한 것을 보면 알 수 있다고 한다.
위탁 스토어 역시 제품 분류군을 보면 다양하게 섞여 있어서 어느 정도 파악이 가능하다고 했다. 반품이 용이하지 않은 신선 제품을 현금으로 그렇게 많이 구매한 것은 다 계획된 속셈이었다. 초보자라는 것을 알고 의도적으로 접근한 것이다.

무슨 일이든 잃는 것이 있으면 얻는 것이 있는 법이다. 이 일을 계기로 미심쩍은 거래는 하지 않고, 결제는 무조건 스토어에서 하게 해야 한다는 것과 스토어에서 무통장 입금도 가능하다는 것을 이때야 알게 되었다. '네이버 페이'를 많이 쓰다 보니 무통장 입금을 생각도 못 한 것이었다. 이것만 알았어도 무통장 입금한다고 했을 때 네이버에서 가능하다고 안내했을 것이다.
네이버에서 결제가 이루어지면 이런 분쟁이 생겼을 때 중재 서비스도 받을 수 있고, 네이버 판매자 센터에서 문의해 법률 상담을 받을 수도 있다고 한다.

이런 경험을 모두들 겪는 것은 아니지만 다른 사례들로도 많이 겪는다고 하니, 초보자일수록 적극적으로 다가오는 도매처나 구매자를 조심해야 한다. 초보자에게 도매처나 구매자가 현금으로 결제해달라고, 나는 여기서만 결제하고 싶다고 매달리는 이유가 무엇일지 생각해 봐야 한다.

그럴 이유는 정말 거의, 아니 하나도 없다.

 **알아두면 좋아요!**

초보 셀러에게 접근한 작은 사례들(수강생 경험 사례)

- 도매처인데 제품 공급하고 싶으니 판매자 집 근처에서 직접 만나자고 한다. 공급할 제품은 만나서 알려준다고 한다.
(판매자는 여성이고 스마트스토어에 판매자 정보가 고스란히 노출되어 있어 연락이 온 듯하다. 무서워서 다행히 안 만난다고 하고 저에게 문의 전화가 왔었다.)
- 대량 구매하고 싶다고 연락한 후 구매는 하지 않고 시도 때도 없이 자꾸 전화를 한다. 한 번은 술 마시고 전화가 와서 그 뒤로는 받지 않았다고 한다.
(대부분 여성 판매자에게 많이 일어나는 일이다. 상담 가능 시간 외에는 전화를 받지 말고 '네이버 톡톡'하기로 유도하는 게 안전하다.)
- 광고를 위한 접근은 기본이니 이는 처음에는 받지 말고 내가 필요할 때 광고하면 된다.

스토어 정보에 판매자 정보가 노출되다 보니 이런 사례들이 발생하는데, 전화번호를 개인 번호는 쓰지 말고 업무용 번호로 바꾼다. 되도록 '톡톡'하기나 '문자'로 유도하도록 한다.

Smartstore Knowhow 17

내가 나이가 많아서 카드 결제를 할 줄 몰라요

 유난히 맑은 어느 화창한 오후, 하늘 속 흘러가는 구름에 빠져 멍때리고 있었다. 조용히 여유를 즐기던 순간 울리는 벨 소리에 흠칫 놀랐다. 번호를 확인하니 모르는 번호다. 받을까 말까 고민하며 계속 울리는 화면을 바라보던 찰나, 끊어진 전화에 한시름 놓았다.

 예전에는 모르는 번호로 전화가 오면 당당히 거절했지만, 스마트스토어를 시작한 후에는 그럴 수가 없었다. 문의 전화를 놓칠까 봐 걱정되었고, 가끔 대량 주문 건으로 걸려 오는 전화도 있어, 전화가 오면 무조건 무시할 수는 없었다. 그러나 받으면 간단히 해결되는 것임을 알면서도 뭐가 무서운 건지 전화 받는 게 망설여졌다.

신사임당 님 수업에서도 전화를 받는 것에 관한 이야기가 있었는데 그는, 고객과 직접 통화는 되도록이면 삼가하고 네이버에서 제공하는 문의 시스템이나 '톡톡네이버 무료 채팅 서비스, talk.naver.com'하기를 적극 활용하라고 말했다. 고객 전화를 바로 받으면 오히려 마찰이 많이 생길 수도 있다며 한 템포 쉬는 게 도움이 될 때도 있다고 했다.

이런 이유들로 전화를 한 번에 받지 않은 것을 합리화시키는 중, 아까 그 번호로 다시 전화가 왔다. 이렇게 연달아 올 때는 교환 반품 건 이거나 문의 전화일 때가 많다. 그러니 피하기만 한다고 되는 문제가 아니었다. 계속 스마트스토어를 하기 위해서라도 극복을 해야 한다.

다시 심호흡을 하고 전화를 받았다.

"여보세요."

"안녕하세요. 네이버에서 봤는데 물건을 구매하고 싶어서요. 그런데 내가 나이가 많아서 결제를 못 해요. 주소를 문자로 보내주면 물건 좀 보내주세요. 물건값은 통장으로 보낼게요."

지긋한 목소리의 중년 여성분이었다. 송이버섯 사건이 생각났다.

"안녕하세요. 죄송한데 저희는 스토어로만 결제 받고 전화로는 주문받지 않고 있습니다."

최대한 친절한 목소리로 떨리는 마음을 감추며 천천히 이야기했다. 주문을 전혀 하실 줄을 모른다고 계속 부탁을 하는데 목소리나

어투가 송이버섯 때와는 달리 차분하고 걱정스러움이 묻어났다. 친정엄마 생각도 나면서 얼마나 답답하실까 싶었다. 주변에 주문해 줄 분도 없다며, 이 제품이 꼭 필요해서 구매해야 한다고 하신다.

흔들리면 안 되는데 또 마음이 약해진 나는 너무 애틋한 목소리에 더는 거절할 수 없었다.

"알겠습니다. 그럼, 수량과 주소 문자 보내주세요."

"아이고 진짜 고마워요. 다른 곳들은 전화도 안 받고 받아도 무조건 안 된대서 마지막 동아줄 잡는 심정으로 전화했는데 이렇게 보내준다고 하니 진짜 진짜 고마워요."

조금은 망설였지만 주문하신 제품이 그리 고가가 아니었고, 혹여나 잘못돼도 손해가 크지 않아 속는 셈 치고 보내드리기로 했다. 그리고 너무 고마워하셔서 처음에 냉정하게 응대한 것이 죄송스러워지기도 했다. 유리 제품이라 업체에 꼼꼼한 포장을 부탁하고 발송해드렸다.

"딩동!"

문자 알림 소리에 휴대폰을 들었다.

"배송 잘 받았습니다. 꼭 필요했던 제품인데 결제는 못 하고 답답했었는데 포장도 꼼꼼하게 잘해서 보내주셔서 감사합니다. 제품 보고 주변에서도 사고 싶다고 하는데 3개만 더 보내주실 수 있나요?

저번에 그 계좌로 입금할게요. 부탁드립니다."

문자만 보면 긴장의 끈을 놓을 수 없었던 마음이 이 문자에 눈 녹듯 녹아 따뜻해짐을 느꼈다. 순간 눈가가 뻐근해졌다. 그간 날이 서 있었던 마음이 풀리면서 다시 처음 시작할 때의 마음으로 돌아오는 듯했다. 나도 몰랐다. 내 마음이 이렇게 널을 뛰듯 구매자에 따라 왔다 갔다가 할지를 말이다. 그분 이상으로 이 상황에 내가 더 감사함을 느껴 바로 전화를 드렸다.

"안녕하세요. 제품 잘 받으셨다니 다행입니다. 유리 제품이라 신경 쓰였거든요."

친정엄마처럼 따뜻한 목소리로 정말 고맙다며 덕분에 잘 받았다고 더 보내달라고 하시고, 꼭 사업 번창하라고 응원의 말씀도 해주셨다. 목이 메여서 겨우 대답하고 통화를 마무리했다.

그 뒤로도 여러 번 주문하셔서 제품을 보내드리면서 스마트스토어로 계좌이체도 가능하다고 알려드렸다. 혹여 필요한 제품이 있는데 또 주문을 못 하시면 힘드시니까, 어떻게 주문하는지 알려 드리고 카드는 등록해야 해서 힘들면 송금도 가능하니, 계좌이체로 주문하시면 된다고 알려드렸다.

그 뒤로 문자나 전화 주문은 없었지만 필요한 제품 구매를 잘하고 계셔서 연락이 없는 것으로 생각하니 왠지 뿌듯했다. 진상은 진상대로 잘 대처해야 하지만, 이분처럼 연세 있으신 분들은 온라인에서 물건을 구매하는 게 힘들 것 같다는 생각에, 그 뒤로는 문의 전화가 오면 더 친절하게 응대하게 되었다.

온라인 스토어를 운영하다보니 생각했던 것보다 연세 있으신 분들의 문의가 많다는 사실에 소비패턴도 변하고 있음을 실감하게 되었다. 온라인이 힘든 세대에 관심을 가지게 된 것이 이때부터였던 것 같다. 그렇다면 이분들을 위해 내가 할 수 있는 나의 최선은 무엇일까?

한발 물러서서 한번 더 생각하고 모르는 것들을 친절히 가르쳐 드릴 것. 이게 스마트스토어를 하는 내가 이분들을 위해 해줄 수 있는 최선의 모습이 아닐까 싶다.

Smartstore Knowhow **18**

전화번호 분리하니
세상 편하네

"띠리링~"

"뭐야, 토요일 6시부터 누가 전화야?"

나에게 토요일 아침 시간은 유일하게 방해받지 않고 꿀잠을 자는 황금 같은 시간이다. 아이들 등교를 안 시켜도 되고, 토요일이라 주문 건도 오후에 체크해도 되니 안심하고 자는 시간인데 이른 시간에 울리다.

잠에서 깨기 싫어서 전화기를 뒤집고 다시 잠을 청해본다. 잠시 후 또 울리는 벨 소리, 번호 확인하니 아까 그 번호다.

"여보세요."

"저기요, 이거 반품하고 싶은데요. 필요해서 주문했는데 그냥 마트 가서 샀어요."

　반품이나 교환은 사이트에 접수하면 되는데 아침부터, 그것도 쉬는 토요일 아침부터 전화를 해온다. 그러나 목소리 가다듬고 최대한 친절하게, 사이트에서 단순 변심으로 접수하시면 월요일 반송 접수해 드리고, 제품 확인 후 환불 처리가 가능하다고 안내해 드린 후 다시 잠을 청했다.

　뒤척뒤척 달아난 잠은 그대로 가버리고 돌아오지 않았다. 왠지 억울했다. 이런 일이 이젠 다반사지만 상식을 벗어난 전화 시간에는 어찌할 수가 없다. 화를 낼 수도 없고, 안 받으면 된다지만 밤늦게나 이른 시간에도 계속 전화를 한다.

　업무시간 외에 걸려 온 전화를 안 받으면 짜증이 가득 담긴 문자를 보내오는 경우도 종종 있다. 스마트스토어를 하다 보면 정말 상식이라고 생각하고 있었던 것이 무너지는 경우가 한두 번이 아니다.

　한번은 배송 중에 변심으로 반품한다고 연락이 와, 배송 중 변심 반품은 왕복 배송료가 구매자 부담이라고 안내해 드렸다. 당연한 것을 알려드렸는데 다짜고짜 소리를 지르며 짜증 내는 20대 여성도 있었다. 말이 안 통할 나이도 아닌데 막무가내다. 물건을 받지도 않았는데 왜 배송료를 내냐고 도착 전에 취소하면 되는 것 아니냐고 따진다. 말이 통해야 대화를 하는데 막무가내라 알겠다고, 그냥 반품 처리를 해줄 테니 제품이 도착하면 거부 처리를 하라고 얘기하고 전화를 끊었다.

잠시 후, 문자가 왔다. 한 통이 아니었다. 똑같은 문자가 여러 차례다.

"왜 바로 환불 처리 안 해주시나요?"

눈을 의심했다. 반품 처리 후 카드 취소는 3~5일 정도 걸린다고 분명히 안내를 했다. 몇 번 답장을 보냈으나 여전히 이해가 안 된다며 계속 연락이 왔다.

"고객님, 카드 취소는 공휴일이라 지금 안 되고요. 카드사는 월요일에 확인 가능하니 그때 카드사에 확인해서 보시면 됩니다. 저희는 제품 확인도 안 하고 고객님 편의를 위해 반품 완료 처리까지 다 해드렸습니다."

전화를 끊고 나니 또 화가 났다. 액수가 중요한 것은 아니지만 이 분이 구매한 건 2,900원짜리 작은 상자다. 배송료까지 해서 5,900원인데 왕복 배송비 6,000원을 내고 나면 내가 마이너스다.

며칠 후, 이 고객은 끝까지 한 건 해냈다. 분명히 제품이 오면 거부하라고 당부하며 그렇지 않으면 자동 반송 처리된다고 안내를 했었다. 그럼에도 불구하고 물건 보내놓고 왜 다시 가져가냐고 따진다. 이때 진짜로 어이가 없는 정도가 아니라 말문이 막혀 응대가 고민이 될 정도였다.

상식을 벗어난 이 사람은 앞으로 차단하기로 했다. 네이버에서 판매 거부 처리가 가능해 이 고객을 판매 거부 처리해 버렸다. 나름의 소심한 대처지만 이렇게라도 하지 않으면 화가 가라앉지 않을 것 같았다.

물론 좋은 분들도 많아서 내가 손해 보더라도 반품 제품을 안 받는 때도 있다. 가끔 나의 실수로 제품을 잘못 보냈는데 저가의 제품은 반품을 받아도 배송비를 빼면 남는 것도 없어 죄송하다고, 다시 원래 제품 보내드리고 잘못 도착한 제품도 사용하시라고 하기도 한다. 다행히 그럴 때면 구매자분이 정말 고마워하시면서 리뷰도 잘 써 주시기에 나름 뿌듯하다.

이러저러한 다양한 경험을 하다가 뒤늦게 깨달은 것은 개인 전화번호 분리였다. 처음부터 사입하고 규모가 있는 분들은 업무용 전화를 사용하지만, 처음에 소소하게 위탁으로 배워가면서 시작하는 분들은 대부분 개인 번호를 분리하지 않고 쓴다. 업무용 전화를 새로 해야 한다는 부담감과 번거로움 때문에 하나로 통일해서 쓰는 것이다.

그런데 조금만 매출이 나오고 나면 번호 분리의 필요성이 뼈저리게 느껴진다. 전화기를 두 개씩 들고 다니는 번거로움을 해결하기 위해 통신사 부가 서비스를 이용하기로 했다. 통신사마다 다르지만 월 3,000원 정도의 비용을 지불하면 전화번호 하나를 더 받을 수 있다. '듀얼 넘버' 혹은 '투넘버 서비스'라는 이름으로 되어 있는 부가 서비스를 앱에서 신청하면 바로 번호를 받을 수 있다.

'010'의 번호 노출 자체가 싫다면 새로 받은 번호를 '070'이나 '0507' 등 안심번호 서비스에 가입하면 되는데, 네이버에서 제공하는 '모두 홈페이지'나 '스마트 플레이스'에 가입하면 0507로 시작하는 번호가 가능하다. 070 번호는 '아톡'이라는 앱에서 많이 사용하는데 수신은 무료이고, 발신은 유료이다. 고객과 소통하다 보면 발신해야 할 경우도 있어서 장단점을 생각해서 각자에게 맞는 걸로 가입하면 된다.

개인 전화번호를 분리하고 나니 세상 편했다. 업무와 사생활이 분리되었다. 벨 소리를 다르게 지정해 놓으면 소리만으로 스토어 전화인지 개인 전화인지 구분이 되었고, 공지해둔 업무시간이 지나서는 받지 않아도 불안함이 없어졌다. 일찍 알았다면 업무가 더욱 편했을 것이다.

업무 스트레스 하나 해결하니 일하는데 훨씬 능률이 올랐다. 작은 것 하나 해결할 때마다 전문가가 되어가는 느낌이다.

MEMO

PART **2**

고치를 트다

PART 2

Smartstore Knowhow 19

시작한 지 2개월 만에, 일 매출 200만 원을 찍다

이제는 루틴이 되어버린 아침 8시의 모닝커피. 커피를 좋아하지 않았던 나였지만 새벽까지 상품을 등록하고, 도매 사이트에 가서 새로운 상품을 검색하고, 늦게 잠드는 것이 일상이 되다 보니 아침이 늘 힘들다.

커피믹스 특유의 향이 코끝을 간지럽혔다. 건강상 아메리카노가 좋다지만 믹스커피 두 봉지로 카페인과 함께 당을 충전한다. 오늘 하루도 달달하게 시작해 본다.

스토어를 운영하고 나서 하루를 여는 첫 업무는 전날의 주문 건 확인이다. 오전에 일찍 확인해서 발주서를 넣으면 당일 오후에 발송이 되기에, 최대한 빨리 제품을 보내기 위해선 도매처 업무 시작 전에 주문 건을 먼저 체크한다.

여느 때와 다름없이 노트북을 열고 스마트스토어센터에 접속 후 로그인을 했다. 그런데 제일 상단에 숫자 〈100〉이 보이는 것이다.

〈신규 주문 100〉

다시 확인해 봐도 신규 주문 '100'이 맞다. 결제 금액은 200만 원이 조금 넘어갔다. 믿을 수 없었지만 사실이었다. 믹스커피의 달달함만큼 마음도 달달해졌다. 주말이 지나면 주문 건이 20~40건 정도였지만 이번에는 평일인데도 100건이었다. 서서히 매출이 오르는 중이었지만 하룻밤 사이에 100건은 처음이라 신기하면서도 잘못 주문한 것은 아닐까 싶어 얼른 주문 건들을 확인했다.

한 업체에서 여러 가지를 많이 주문한 것이다. 가끔 대량 문의 전화를 받아왔었지만 성사된 적은 없었다. 위탁이다 보니 금액적인 부분에서 조절이 힘들어 마지막에 무산되기도 했었다. 그때마다 상실감도 컸다. 그런데 이번에는 바로 주문했다니 하늘을 나는 듯했다.

스토어를 하다 보면 주문 건수에 따라 그날그날 기분이 결정되기도 한다. 이런 것에 흔들리지 않으리라 다짐해 보지만 주문 건이 '0'인 날은 우울해진다. 계속해도 되는 걸까 고민도 하고 그러다가 제품이 부족한가 싶어 여러 사이트를 찾아 헤매기도 한다. 하지만 오늘처럼 주문 건수가 많은 날은 콧노래가 절로 나온다.

주문 건 체크 후 하나하나 발주서를 넣었다. 업체의 대량 주문 건은 촬영 장비들이었다. 카메라 거치대와 조명 그리고 홀더. 모든 주문 건을 주문서에 넣고 도매처에 선결제를 했다. 이제 남겨진 리뷰들을 체크해서 하나하나 답글을 달고 상품문의와 톡톡하기도 확인하고 나면 오전 업무는 마무리된다.

위탁 제품으로 운영하는 스토어의 장점은 전날 들어온 주문 건의 발주서를 넣고 나면 오전 업무가 끝이라 시간 활용하기가 너무 좋다. 송장 출력, 재고 관리, 택배 포장, 발송 등의 업무를 하지 않아도 돼서 시간도 몸도 편하다. 단지 마진이 적다는 것과 품절 제품의 체크가 늦다는 점인데 그 정도는 감수해야 할 몫이라 생각한다.

위탁으로 판매하면 제품 사입으로 인한 리스크도 없거니와 매장 혹은 사무실 운영비 절감으로 마진폭이 적어도 매우 괜찮다고 본다. 외출해서도 주문이 들어오면 확인해 발주를 넣고, 도매처에서 송장을 띄워주면 발송 처리만 하면 되기에 마진율과 시간을 바꾼 것이다.

물론 단점도 있다. 제일 큰 단점이 재고나 품절 부분이다. 아니나 다를까 이번 단체 주문 건에 브레이크가 걸렸다. 업체로부터 조명이 갯수가 부족하다며 등록한 제품과 조금 다른 모양으로 섞어 보내도 괜찮겠냐고 연락이 왔다. 등록되어 있는 것은 구형 제품이고 지금 얘기하는 건 신형이라 앞으로 이 제품으로 나간다는 안내와 함께 알려왔다.

구매자분께 안내 연락차 통화를 했다. 단체 실습용이라 똑같아야 한다고 하셨다. 다행인 것은 구형이건 신형이건 상관없고 갯수 모두 동일 제품이면 되니 같은 걸로만 보내 달라고 하신다. 어찌나 감사하던지 통화 종료 후, 상황을 이해해 주셔서 감사하다고 커피 쿠폰 하나를 보내드리면서 마음을 표현했다.

그렇게 단체 주문 건은 무사히 새로운 제품들로 모두 보내드렸고, 잘 받았다는 감사 문자도 받았다. 이렇게 손수 문자를 보내주시는 구매자들은 너무 감사하고 기억에 남는다. 별것 아니라 생각할 수도 있지만, 초보자일 때는 스토어를 계속해야 하느냐, 마느냐의 고민 속에서 앞으로 나아갈 힘이 되기도 한다.

 **알아두면 좋아요!**

빠르게 판매 정산을 받는 법

위탁 제품으로 스토어를 운영할 때 도매처에 선결제 후 스마트스토어에서 정산을 받는다. 난 도매처에 현금 결제를 한다. 스토어 전용으로 통장을 만들어서 주문을 넣고 입금한 후 정산한다. 스마트스토어의 최대 장점은 빠른 정산 시스템이다. 빠른 정산 서비스를 신청하면 집화 처리 후 바로 다음 날 입금 처리가 되기 때문에 통장의 자금 회전에도 아무런 문제가 없다.

- 빠른 정산 서비스는 판매자가 스마트스토어센터에 로그인 후, 네이버 비즈니스 금융센터에 가서 빠른 정산을 신청해야 한다.
- 빠른 정산은 집화 처리 다음 날 100% 정산 받을 수 있는 무료 서비스이다.
- 여건을 충족하면 심사 후 승인이 난다.(거래 건수, 반품률이 20%를 넘지 않아야 하고, 국내 사업자로서, 월 거래 건수가 3개월 연속 20건 이상이어야 한다. 페널티 점수가 일정 수준 이하여야 한다.)
- 부정 거래나 조건이 충족되지 않으면 빠른 정산 서비스는 중단되며 다시 요건 충족 시 재심사 요구를 할 수 있다.

Smartstore Knowhow 20

마케팅 없이 이뤄낸 '파워 등급'

스마트스토어에는 등급이 있다. 처음에 시작하면 '씨앗'이다. 그 다음은 매출액과 판매 건수를 모두 충족하면 '새싹', '파워', '빅파워', '프리미엄'으로 승진하는 것처럼 등급이 올라간다. 처음에 스토어를 시작할 때 등급이 있다는 것도 몰랐고 신경도 안 썼었다.

지금은 라이브 방송이 대세라 등급에 많이들 신경 쓰지만, 그때만 해도 등급에 신경을 쓰지 않았고 매출에만 집중을 했다. 라이브가 없을 때라 등급에 큰 의미가 없었기 때문이었다.

분명 시작할 때 '씨앗'이었고 '새싹'이 되었을 텐데 새싹이었다는 기억이 내게는 없다. 오로지 판매에만 집중하고 있어서 등급은 생각하지 않았던 터라 무심히 지나쳤을 것이다.

하지만 '파워' 등급은 달랐다. 말 그대로 파워다. 스마트스토어 운영자 중 10~20%만이 파워 등급이라 하고, '빅 파워'는 5~10% 정도라고 한다.

처음에는 잘하기만 하면 파워는 쉽게 갈 줄 알았는데 실제 운영을 해 보니 결코 쉽지 않았다. 3개월 합산 300건 판매, 800만 원 매출이면 파워 등급이었기에 어렵지 않다고 생각했다. 나눠보면 한 달에 100건 판매 약 300만 원 매출, 하루에 3건, 10만 원 매출이다. 그런데 판매 3건에 10만 원 매출을 매일 낸다는 것이 쉽지 않았다.

물론 다양한 마케팅을 하면 좀 더 쉽게 이룰 수도 있었겠지만, 위탁 제품으로 최소한의 리스크 만으로 시작했고, 무작정 마케팅에 투자하는 것도 여의치 않았다. 다른 업체의 제품을 내가 직접 구입해서 체험단을 모집하거나, 유료 광고를 하면서 내가 판매한다는 것이 나는 이해가 되지 않았기 때문이다.

그래서 택한 방법이 노력과 정석으로 돌파하기였다. 최적의 키워드를 찾아 최상의 조합을 만들어 노출하기 위해 이리저리 키워드를 바꾸어 노출을 확인 후, 노출되지 않으면 찾은 키워드의 순서를 바꾸면서 테스트했다. 같은 키워드라도 순서를 어떻게 배치하느냐에 따라서 노출이 달라지기 때문에 계속 바꿔가며 올렸다.

상품이 노출되기 시작한 후에는 더 이상 키워드는 수정하지 않았고, 상세페이지를 최대한 구매전환할 수 있도록 만든 후, 최소한의

등급표기		필수조건		
등급명	아이콘 노출	판매건수	판매금액	굿서비스
플래티넘	🏅	100,000건 이상	100억원 이상	조건 충족
프리미엄	🏅	2,000건 이상	6억원 이상	조건 충족
빅파워	🏅	500건 이상	4천만 이상	-
파워	🏅	300건 이상	800만원 이상	-
새싹	-	100건 이상	200만원 이상	
씨앗	-	100건 미만	200만원 미만	

- 산정 기준 : 최근 3개월 누적 데이터, 구매확정 기준(부정거래, 직권취소 및 배송비 제외)
- 등급 업데이트 주기 : 매월 2일 (예) 10월 등급 산정 기준: 7월~9월 총 3개월 누적 데이터 (월:1일~말일)
- 플래티넘과 프리미엄은 거래규모 및 굿서비스 조건까지 충족시 부여되며, 굿서비스 조건 불충족시 빅파워로 부여됩니다
- 새싹 및 씨앗 등급은 네이버 쇼핑 및 스마트스토어 사이트에서도 등급명 및 아이콘이 노출되지 않습니다

〈네이버 스토어 판매자 등급 산정 안내 화면〉

비용으로도 가능한 네이버 광고 시스템을 활용했다. 직접 찾은 키워드로 광고 시스템에 광고를 등록을 하면, 한 달 광고비에서 5%는 '비즈 머니'로 돌려받아서 광고비 절약 효과도 볼 수 있었다.

비록 위탁 제품이지만 한 제품 한 제품 다듬고 수정해서 올리고

하루도 빠짐없이 매일 올렸다. 그렇게 차근차근 쌓아가면서 발 빠른 고객 응대를 우선시했고 모든 리뷰에 답글을 달았다. 후회하기 싫어서 그 순간만큼은 진심으로 임했다.

어느 날 아침, 여느 때와 다름없이 스마트스토어센터에 습관적으로 접속을 했다.
〈이번 달부터 파워 등급입니다.〉
"와! 내가 파워 등급이라고?"
나의 노력이 빛을 발한 걸까, 이것이 정석이었던 걸까는 알 수는 없었지만 내 방법이 통한 것만은 사실이다. 외부 마케팅이나 도움 없이 순수하게 혼자서 이뤄낸 파워 등급인 것이다.

위탁 제품으로 판매하면 마진이 적다는 선입견도 버릴 수 있었다. 고정 비용도 없고 마케팅 비용도 없으니 결코 적은 마진은 아니다. 유료 광고비가 보통 월 30만 원 정도 쓰면 매출이 200만 원 정도 나온다고 하는데, 나는 '네이버 광고 시스템'을 직접 운영해서 월 5만 원 정도로 매출 300만 원을 만들었다. 그래서 더 값진 파워 등급이 아닐 수 없다. 학창 시절에도 받지 못한 성적우수상을 받은 것 같았다.

쉽다고 생각하고 시작했던 스마트스토어가 생각만큼 쉽지 않았고, 많은 광고에서 월 천만 원은 바로 가능하다고 얘기했었기에 믿었었다. 하지만 실전은 달랐다. 그래서 더 값진 파워 등급이었다. 하나하나 내 손을 모두 거치고 외부 도움 없이 이뤄낸 것이라 더욱 가슴이 뛰었다. 희망이 한 걸음 더 다가오고 있음을 몸소 실감했다.

　파워 등급이 되면 스토어를 하나 더 개설할 수 있기에 바로 추가로 신청했다. 2호점이 생긴 것이다. 하나 더 만들어진 스토어에 또 다른 제품들로 가득 채울 생각을 하니 심장이 뛰었다. 기존의 스토어와 카테고리가 달라야만 승인이 나므로 전혀 다른 제품들로 채우기 위해 도매처를 검색하는 나의 눈과 손은 어느 때보다 가벼웠다.

 **알아두면 좋아요!**

스마트스토어 추가 개설하기

파워 등급 달성 후 스토어 추가 개설 시 중복 카테고리로 선택하면 반려되니 기존 운영하던 사이트와 다른 카테고리로 신청하도록 한다. 나중에 해야지 하고 바로 신청하지 않고 있다가 혹여나 다음 달에 등급이 하락하면 그때는 추가 개설이 안 되니 미리 신청해 두는 것을 추천한다. 개설 후에는 등급이 하락해도 그대로 스토어 두 개를 모두 운영할 수 있다. 위탁일수록 다른 카테고리로 스토어 두 개를 운영하면 더욱 효율적이다.

1. 스토어 당 제품 등록 개수가 5,000개로 제한되어 있기에 두 개의 스토어로 운영하면 더 많은 제품들을 등록할 수 있다.
2. 너무 다양한 카테고리 제품을 하나의 스토어에 모두 등록하면 중구난방이 되어 그 스토어가 지닌 전문성이 떨어지니, 다른 카테고리의 스토어 두 개 운영을 추천한다.

Smartstore Knowhow 21
대표 남선미

　어느 책에서 먼저 명함부터 만들고 사업을 시작했다는 내용을 접했다. 나도 명함을 만들어 볼까 생각만 하다가 더 이상 고민하지 말고 내 명함을 직접 제작하기로 마음먹고 작업에 들어갔다.

　명함은 디자이너한테 의뢰하고 인쇄소에 맡겨야만 가능한 것인 줄 알았는데 아니었다. 스토어의 상세페이지를 작업하다 알게 된 '미리캔버스' 사이트에는 명함 디자인 방법도 있었다. 집중해서 명함을 만들기 시작했다. 디자인도 찾고 나에게 맞는 퍼스널 컬러도 검색해 찾아보고 내가 추구하는 이미지 만들어서 로고도 만들었다.

　로고며 명함까지 직접해보니 감개무량했다. 디자인은 나와는 거리가 멀다고 생각했는데 플랫폼의 힘을 빌려 손수 명함에 로고까지 만들고 있으니 신세계가 아닐 수 없었다.

내가 만든 디자인으로 명함 인쇄를 의뢰했다. '미리캔버스'에서 디자인한 후 연계된 사이트에 올리면 소량 제작이 가능해 부담이 없었다. 처음에는 소심하게 200장 인쇄로 주문했다. 아직은 어디 줄 곳도 없어서 소장용이 될 가능성도 있었지만, 용지는 고급으로 선택했다.

사업자등록증을 만들 때와는 또 다른 기분이 들었다. 사업자등록증이 시작이라면 명함은 결과물이라 더 단단해진 사업같이 느껴져서 뿌듯했다. 평범한 사람이 조금은 특별해지고 있음을 느꼈다.

며칠 후,
"택배 왔습니다."
명함이었다. 한껏 부푼 가슴 안고 상자를 열었다.

도착한 명함 상자를 열어 보니 '대표 남선미'라고 인쇄가 되어 있었다. 만감이 교차했다. 그간의 고생했던 생각이 나서 살짝 눈시울이 붉어졌다. 줄 곳이라곤 가족과 지인들뿐이었지만, 나의 첫 명함이 내 손에 들어오니 이보다 좋을 수가 없었다.

많은 분에게 명함을 주기 위해서라도 더 잘해야겠다. 버려지거나 방치되는 명함이 아니라, 지갑 한편에서 고이 간직될 수 있는 명함이 되길 위해서라도 더 분발해야겠다. 종이 한 장이지만 가만히 보고 있자니 그 한 장 안에 나의 노력과 희망이 함께 공존하고 있음이 느껴졌다. 소중한 나의 첫 명함이다.

명함을 만들고 난 후 느낀 점은 지인들에게 나눠줄 때도 더욱 사명감이 느껴졌고, 잘해야겠다는 책임감도 느껴졌고, 더 잘할 수 있을 것이란 믿음도 생겼다. 그리고 나의 꿈을 적은 명함을 만들어서 들고 다니며 주변에 알린다면, 그 꿈에 한 발짝 더 나아가는 데 힘이 될 거라는 생각이 들었다.

Smartstore Knowhow 22
위탁업체 대표와의 첫 대면

"조용한 시간에 잠시 찾아뵙고 싶습니다."

문의해도 묵묵부답, 전화해도 받지를 않았다. 내 스토어 제품의 70% 이상을 차지하는 도매처이다. 주문과 문의가 늘어나면서 내가 직접 답을 하려면 도매처에서 답이 내려와야 하는데, 연락이 되지 않아 문의 글에 답변을 할 수가 없었다.

그래서 도매 업체를 찾아갔다. 그곳에 가서 내가 등록한 제품들도 직접 보고 싶었고 어떤 방향으로든 이야기하고 싶었다. 소량씩 사입을 하든, 문의 응대를 해달라고 하든, 뭐라도 해결해야지 이렇게 있다가는 속에서 천불이 날 것 같았다.

도매처 대표님을 결국 만나게 되었다. 한참을 이야기했다. 운영하는 제품이 400~500가지에 도소매 포함해서 하루 주문량이 최소 300~400건이라, 오전에는 주문 접수하고 송장 출력하느라 바쁘고, 오후에는 택배 포장하느라 문의 전화나 문의 글을 볼 시간이 잘 없다고 하셨다. 그렇게 바쁘면 사람이 더 있어야 하지 않을까 싶어 넌지시 물어보니 더 쓰기에는 고정 비용이 부담된다고 하셨다.

그래도 소통이 안 되면 곤란하기에 조금씩 조율하여 해결 방법을 찾기로 했다. 그중 제일 시급한 문의가 교환과 반품 건이라 해결하지 않고는 운영이 힘들어진다고 말씀드렸다. 도매처 대표님은 고개를 끄덕이시더니 택배 짐 싣기가 오후 5시라, 그 이후에 내 문의 글을 우선으로 보고 답변해 주겠다고 약속해 주셨고, 나도 그 시간까지는 기다리기로 했다.

집에서 발만 동동 구르고 있기보다 찾아가서 이야기하고 나니 서로가 입장도 이해되고, 도매처가 어떻게 운영되는지도 보게 돼서 많은 도움이 되었다.

어떤 주문이든 수월하게 넘어가면 늘 감사하다. 초기에는 대처가 미흡하기도 했거니와 경험 부족으로 각양각색의 'CS Customer Service'와 문의를 겪었다. 그러다 보니 주문 접수 후 발송 완료까지 원스톱으로 진행되기만 해도 한시름 놓게 된다.

위탁이라서 모든 제품을 가지고 있지 않기 때문에 제품 관련 문의 전화가 오면 곧바로 응대가 힘들다. 도매처에 문의 글을 남기거나 통화 후에 알려 드리는데, 그 시간이 생각보다 길다. 바로바로 연락되는 도매처가 거의 없기 때문이다.

'톡톡'하기나 '네이버 문의'는 24시간 안에만 답변하면 페널티가 없다고 설명되어 있지만, 바로 대답하지 못하고 뒤늦게 알려 드리면 고객은 다른 곳에서 주문하기도 한다. 이럴 때는 속상하다. 그렇지만 기다리는 구매자 입장에서 생각해 보면 이해되는 부분이다. 확인 후 바로 구매해야 하는데 물어도 대답이 없으니 당연히 빨리 알려주는 곳에서 주문하는 것이다.

그래서 도매처에 문의를 남겼는데 답이 없고 전화도 받지 않으면, 위탁 판매자로서는 속상하기 이전에 답답함과 초조함을 느낀다. 그리고 빨리 대답해 줘야 한다는 생각 때문에 종일 다른 일이 손에 잡히질 않는다. 더군다나 베테랑이 아닌 초보 판매자들은 더더욱 그러하다.

요즘은 위탁 도매 업체가 많아서 응대를 잘해 주는 곳으로 제품을 많이 등록한다. 그래야 관리가 편하다. 처음에는 제품이 마음에 드는 업체 위주로 등록하다가 위탁업체 중 회원제로 운영하는 곳들만 등록하는 곳도 있다.

한 달에 2~5만 원 정도의 회비를 내면 등급에 따라 마진율을 적용하고, 비공개로 운영되어 가격 노출과 제품 차별성이 있다는 장점이 있다. 회원제로 운영되는 곳은 상품 문의 응대도 빠르다. 단점은 제품 수가 적어서 선택의 폭이 좁다는 점이다.

도매 업체를 잘 선택해서 제품을 등록하는 것도 위탁 운영하는 판매자에겐 매우 중요하다. 경험이 쌓여야만 알 수 있는 일이라 시행착오를 겪었다고 좌절하지 말고 아닌 곳은 거르며, 나와 맞는 업체를 선택하는 과정 중 하나라고 생각하면 조금 더 마음이 편해진다.

여러 건의 문의를 접하고 생긴 나름의 노하우가 하나 있다. 처음에는 업체에 문의를 남기고 답이 올 때까지 기다렸는데, 이젠 문의가 들어오면 업체에 남겨진 문의 글이나 Q&A 그리고 리뷰를 먼저 확인한다. 거기에 보면 고객이 궁금해했던 사항 대부분을 찾을 수 있다. 구매자들이 궁금해하는 부분이 거의 비슷하다는 것을 몇 번의 경험 후에 알게 되어 혹시나 하고 찾아봤더니 모두 있는 것이다.

그 뒤로는 이렇게 찾아서 바로 답변해 주었고, 자주 묻는 질문을 모아서 상세페이지에 남겨 놓았더니 문의는 줄고 주문은 늘기 시작했다. 매출이 늘어나는 만큼 경험도 늘고 노하우도 늘어서 대처 능력도 좋아지고 상담 기술도 늘게 되었다.

"사장님이 친절해요", "빨리 응대해 줘서 좋아요", "이런 곳이 일 잘하는 업체지 대박 나세요", "친절해서 또 주문할게요" 등의 리뷰가 남겨질 때면 더 열심히 해야겠다는 의지가 불끈불끈 생겨난다. 힘들고 지칠 때도 많지만 장점만을 생각하고 앞으로 나아가려고 한다. 그 장점들로 단점들은 커버가 된다.

그 뒤로 여러 번 단체 주문 건이 들어오고 주문은 점점 늘어갔다. 초기에는 위탁 판매는 매출 상승이 힘들다고 생각했었는데 나의 선부른 판단이었다.

안되는 것은 없었다. 될 때까지 안 했을 뿐이다.

 알아두면 좋아요!

위탁업체와 직접 거래하는 법

'도매매' 등 위탁 도매 플랫폼을 이용하다 보면 직접 제품을 사입하거나 업체와 바로 위탁거래를 하고 싶어지는 경우가 생긴다. 초보 셀러들은 업체 찾기가 힘들어 포기하는 경우도 종종 있지만 조금만 둘러보면 찾기가 쉽다는 것을 꼭 기억해두자.

먼저 판매하고자 하는 제품의 카테고리를 확인해서 도매처를 검색한 후 연락하는 방법이 있다.

1 내가 취급하고 싶은 카테고리나 제품을 구글에서 검색한다. 구글에서 검색하면 포괄적으로 나와서 다른 포털 사이트보다 많이 찾아볼 수 있다. 'OOO도매' 이런식으로 구글에서 검색하면 전문업체가 꽤 많이 등록되어 있다. 여러 사이트를 자세히 살펴본 후 원하는 곳에 가입해서 이용하면 된다.(사업자 인증이 필요한 경우가 많음)

2 도매매 플랫폼 같은 경우 제품 공급처가 대부분 공개되어 있다. 도매매에서 위탁으로 판매하다가 잘 팔리거나 판매해보고 싶은 제품은 공급처에 연락해 직접 거래를 할 수도 있다. 그런데 연락한다고

〈도매매 사이트의 공급사 페이지〉

곧바로 거래가 성사되는 것은 아니니 처음 시도해 보고 안된다고 좌절은 하지 말자. 도매 업체 입장에서 세금계산서라든지 여러 가지 업무적인 사항으로 인해 초보 셀러들과는 거래를 하지 않으려고 하기도 한다. 판매는 적은데 거래처만 많아지면 관리가 힘들어져 그냥 도매매 이용을 권하기도 한다. 그러니 포기하지 말고 여러 곳에 연락하다 보면 나와 맞는 업체가 있으니 꾸준히 찾아서 다양하게 거래해 보는 것도 추천한다.(단가, 제품력 등을 선점할 수 있다.)

3 중국에서 사입해보고 싶은 제품을 이미 사입해서 도매로 주는 곳들도 많이 있어 초보 셀러들에게는 리스크가 적다. 이때 세금계산서 발행 등 세금 관련사항도 잘 체크해서 계약하면 된다.

4 요즘은 대형 도매처는 '비투비B to B 몰'을 대부분 따로 가지고 있으며 유료로 운영하는 곳도 많다. 유료 회원제로 운영하는 곳들은 유료 회원들에게만 제공하기에 제품력이 있다고 볼 수 있으니 여러 사이트를 잘 비교해보고 선택하면 된다. 단가 부분은 꼼꼼히 살펴보길 바란다. 유료 회원제라도 단가가 비싼곳도 있다.

Smartstore Knowhow 23

내가 나서서 수입하고 말지! : 중국 소싱

"품절입니다. 입고 예정은 2주 뒤예요."
"제품 하나가 덜 왔어요."

요즘 들어 유난히 도매처의 상품 품절과 오배송이 잦다. 코로나 영향으로 중국에서 들어오는 제품들이 일정하지 않고 들쑥날쑥하고, 검수가 덜 된 제품들이 발송되기도 해서 고객들의 클레임까지 들어오고 있다.

품절은 그렇다 치더라도 검수 문제로 제품이 덜 가거나 하자가 있는 것들이 배송되면 구매자분들께 뭐라 할 말도 없다. 그저 죄송할 뿐이다. 점점 판매가 늘고 있지만 위탁 판매에 익숙해지다 보니 택배 포장, 검수 등을 하지 않아서 편한 만큼 클레임이나 품절에 스트레스를 받는 일은 늘어난다. 직접 제품을 보고 포장해서 보낸 것이 아니라 더욱 답답하다.

이런 일들이 조금씩 반복되다 보니 직접 사입을 하거나 중국에서 직수입을 해볼까 하는 생각이 자연스레 내 머릿속에서 맴돌았다. 쉽지 않다고 하지만 해보고 싶었고, 해야 할 것 같았다.

이제는 조금 더 나아가야 할 단계인 듯싶었기에, 그날 이후로 중국 소싱에 관한 책도 보고 유튜브도 보고 강의도 들었다. 그중에서도 '물주 하 사장'이라는 닉네임으로 활동하는 하태성 님이 쓴 해외 소싱에 관한 책을 흥미진진하게 읽었지만 현실의 벽은 높아 보였다.

참고로 현재 물주 하 사장님 카페에서는 원하는 제품을 소량으로도 구매 대행이 가능하다고 한다. 중국 소싱에 대해 처음 공부할 때는 코로나 시기여서 여러 제약이 많았으나 현재는 훨씬 수월해졌다고 하니, 해외 소싱에 관심이 있다면 하태성 님의 책 『돈이 된다! 해외소싱 대박템』을 읽어보시길 바란다.

현실의 벽에 부딪힌 이유

1 샘플 신청은 같은 제품이라도 여러 업체에서 해봐야 한다. 사진과 실물과 다른 경우가 많기에 잘못 구매하면 팔지도 못하고 버리거나 손해 보고 싸게 판매해야 한다.

어드바이스 : 이 경우 같은 제품이라도 여러 업체에서 하나씩 주문하다 보면 배송비 부담이 상당하다. 그리고 실제 받았을 때 마음에 들지 않아 판매 자체를 포기하는 때도 있어서 리스크가 큰 편이다. 특히 제품에 확신이 없는 경우는 더더욱 그렇다.

2 대량 구매가 아니면 국내 도매처 보다 비싼 제품이 많다. 자세히 검색해 보고 가격 체크를 잘해야 한다.

어드바이스 : 위탁으로 해왔거나 매장이 아닌 집에서 운영하는 셀러들은 창고가 필요한 상황이 생긴다. 그러면 고정비 지출이 늘어나게 되고 재고에 대한 부담도 안고 가야 한다.

또한 제품 구매 시 물량이 적든 많든 하나의 컨테이너 사용료는 똑같아서 최대한 컨테이너를 채워서 수입하는 게 좋다고 하니 더 부담이 아닐 수 없다. 여러 사람이 모여서 하나의 컨테이너로 제품을 받는 방법도 있다지만, 그래도 이렇게까지 해서 수입하려니 좀 두려웠다.

3 중국에서 열리는 박람회를 직접 가서 구매하는 것이 가장 좋다.

어드바이스 : 중국에서 들어오는 제품들은 온라인 거래 시 사진과 실제 물건이 다른 경우도 많다. 초보일 경우 바가지도 많이 쓰기 때문에 직접 내 눈으로 보고 그 자리에서 샘플을 구입한 후, 업체 명함을 바로 받아 거래하는 것이 가장 좋다.

온라인으로 구매 시에는 샘플이 사진과 다른 것이 오더라도 반품 비용이나 절차가 어렵다는 것을 알고 악용하는 업체도 꽤 많다. 내 눈으로 직접 보고 사용해 보고 거래해야 국내에서 판매했을 때 고객 만족도가 높아져 오래가는 스토어가 될 수 있다.

(코로나로 인해 현재 박람회도 열리지 않았을뿐더러 평범한 가정주부였던 나로서는 중국에서 열리는 박람회를 겁 없이 덜컥 갈 수도 없었다.)

4 이러저러한 조건들이 다 맞아서 중국 제품을 구매하게 되어도 국내에서 안전 인증 등 허가를 받거나 신고해야 하는 절차들이 많다.

어드바이스 : 잘 모르고 그냥 판매하다가는 과태료에 자칫하면 스토어 정지까지 당하는 불상사가 생긴다. 전기제품이 아니면 괜찮다고 생각할 수도 있지만 놓치기 쉬운 것들이 생각보다 많다. 장난감부터 식기, 배터리나 전기제품, 화장품, 의료 기기, 특히 어린이 관련 제품(만 14세 미만 사용 제품)은 무조건 인증을 받아야 하는데 그 절차가 상당히 까다롭고 비용도 많이 든다.

초기에 어떤 판매자분은 일반 플라스틱 장난감이라서 '어린이 안전 인증'을 받아야 한다는 생각도 못하고 판매를 했다가, 벌금을 내고 그 제품 모두를 소각하는 일까지 있었다.

국내에는 이 모든 것을 대행해 주는 업체들도 있으니, 꼭 하고 싶다면 업체의 도움을 받을 수는 있다. 문제는 이 모든 것을 감수하며 리스크를 감내하면서까지 판매를 꼭 하고 싶은 제품을 찾기 쉽지 않다는 것에 있다. 대부분 이미 국내에 유통되고 있어서 차별성이 없기 때문이다.

공부하면서 알게 된 또 하나는 우리나라가 제품이, 안전성이나 판매 경로 등이 생각했던 것보다 믿을만하다는 것이다. 온라인 판매는 같은 제품이라도 수입처마다 모두 인증을 따로 받아야 해서 인증받은 제품은 믿고 살 수 있다. 이러한 인증 제도는 구매자 입장에서 보면, 눈에 보이지 않아 불안한 온라인 구매를 좀 더 믿고 거래할 수 있다고 생각한다.

한 달여간의 중국 직수입 공부를 과감히 덮어버렸다. 국내에 좋은 업체들을 찾는 것으로 일단락하기로 했다. 한 달 동안 시간 낭비를 한 것 같아 깊은 한숨이 새어 나왔지만, 다시 고개를 들었다. 이번 경험이 없었다면 계속 중국 수입 혹은 병행 수입 등에 대한 갈증이 남아 있을 것이다. 결국 한 번은 마주해야 했던 운명이었다. 중국 수입 자체가 좋지 않은 것은 아니지만 현재 내겐 무리인 일이었다.

결국 이것저것 해보면서 그 사이에서 내가 할 수 있는 것을 찾아내는 것만이 이 일을 오래 할 수 있는 방법이라고 생각했다. 이러한 내 경험이 언젠가 누군가의 시행착오를 줄여주는 길이 되길 바랄 뿐이다.

Smartstore Knowhow 24

제조도 해볼까? : ODM

그렇게 제품을 포기해버리기에는 미련이 남았다. 다시 제자리로 돌아가는 것 같아 뭔가 억울했다. 제품을 들여와서 좀 더 키워보고 싶었던 스토어였던 지라 포기할 수 없었다. 다른 방법을 찾던 중 'ODM Original Developement Manufacturing'이란 것을 알게 되었다.

ODM은 '제조업자 개발 생산방식'이다. 주문자가 제조 업체에 제품의 생산을 위탁하면 제조 업체는 이 제품을 개발, 생산하여 주문자에게 납품하고, 주문 업체는 이 제품을 유통, 판매하는 방식이다. '제조자 설계생산'이라고도 한다. 즉, 내가 원하는 디자인이나 기존에 판매되고 있는 제품과 다르게 주문할 수 있는 방식이다.

이 ODM은 '주문자 상표부착 표시생산'인 'OEM^{original equipment manufacturing}'과는 다른 차별성을 가질 수 있어서 매력적으로 다가왔다. 예전에는 중국에서 완제품을 수입한 후 상표를 부착해 판매하는 방식만 알고 있었는데, 빅데이터의 힘이었던가 계속 검색하고 관련 자료를 보다 보니 알고리즘에서 알려주는 것이었다.

기존 제품에서 내가 디자인한 것으로 변형하거나 조합하면 다른 제품이 되니 차별성도 있고, 충분히 판매 가치도 있다는 생각이 들었다. 정말 아무것도 모르고 시작했는데 이런 것까지 알게 되니 뿌듯하다 못해 이미 대단한 CEO가 된 것 같았다.

마침 그때 ODM을 자세히 알려준다는 강의 소식을 접했다.

"그래, 이건 투자야!"

1초의 망설임도 없이 강의를 등록했다.

강의 첫날. 설렘을 가득 안고 자리에 앉아서 모니터에 집중했다. 강사님은 한국인인데 교포이신지 영어를 더 잘하신다. 반이 영어다. 헷갈리지만 결제는 이미 했으니 열심히 들었다. 서툰 한국말이었지만 모두 알아들을 수 있었다. 영어보단 낫다.

5회차 강의인데 1회차는 전반적인 설명과 함께 해외 사이트에서 제조사 찾는 방법을 알려 주셨다. 방법인즉슨, 해외 사이트에서 잘 팔리는 제품을 먼저 검색해서 제품 선정을 먼저 하라고 하신다. 1회차 과제였다.

내가 또 과제는 잘한다. 해외 사이트를 열심히 검색해서 여러 개를 찾았다. 모두 영어라서 번역기를 써가며 찾아놓고 다음 수업을 기다렸다. 2~5회차 수업은 찾은 제품의 상세 정보에 들어가서 제조사를 찾고 그 제조사 사이트를 찾아 이메일을 보내는 실습이다.

제조사를 찾는데 먼저 영어에서 막혔다. 머리가 터질 것 같았지만 중도에 포기하기는 싫어, 번역기의 도움을 받아 보고 또 봐가며 이메일 작성까지 했다. 샘플 이메일을 줘서 조금 더 쉽게 하긴 했지만 산 넘어서 산이었다.

수업에 들어가며 같이 배우는 분들과 소통하며 이런저런 이야기를 들어보니 이것도 몇 가지 문제점이 있었다. 내가 도전만큼이나 포기도 빠른 줄은 이때 처음 알았다. 경험담을 듣고 내가 할 수 있는 영역이 아님을 알고 바로 포기해버렸다.

실행에 옮기지 못하고 공부만 한 이유

1 제조해달라는 대로 안 나와서 다시 만들고 또다시 만들기는 기본이라고 한다. 이때 비용은 모두 주문자의 몫이다. 샘플 하나 제조하는데 제품마다 다르지만 만 원짜리 제품으로 예를 들자면, 샘플비가 20~30만 원 정도 들고(기존 제품이 아니고 나만의 디자인이나 제조가 들어가서 샘플비가 비싸다). 배송비가 10~15달러 정도인데 제품 완성 후 제조사에서 비용을 더 요구하기도 하고, 괜찮은 제품이면 바로 카피해서 자신의 제품으로 유통해버리기도 한다고 한다. 이 말을

듣는데 완전 상실감이 들었다. 사실 더 안 듣고 여기에서 수강자 반 이상은 하지 말아야겠다고 포기를 했다. 물론 그런데도 도전하고 끝까지 해내야 한다는 게 여러 책에서 나오는 성공 법칙이었지만, 내가 처한 상황에서는 무리라고 판단했다.

2 무사히 완제품이 나와서 판매가 잘 되면 추가 제조 시 시간과 비용이 더 들고 2차 입고 시까지 상당한 기간이 걸린다고 한다. 다른 업체 제품들도 밀려있어서 여유 있게 주문을 넣어야 한다.

3 포장에 관련된 박스나 비닐 등도 다른 제조사에 의뢰해서 만들거나 한국에서 만든 것을 보내주면 포장까지 해주고, 그렇지 않으면 박스 제조 후 국내에서 손수 포장해야 한다. 정말로 제품만 딱 만들어 준다. 일이 점점 늘어나는 것이다. 전업이 아닌 이상 투자해야 할 자본과 시간이 너무 많이 든다.

물론 좋은 제조사를 찾아서 잘 만들면 괜찮다고 하는데, 직접 갈 수도 없고 이메일로만 소통해야 하니, 나의 현실에서는 벽이 너무 크게 느껴졌다. 지금은 아니지만 필요한 시기가 되었을 때 다시 활용할 수 있을 것이다. 이런 시장을 알았다는 것에 만족하고 마무리하는 것이 맞다는 생각이 들었다.

그래도 이런 방법들까지 있는 것을 알고 제품을 검색하니, 좀 더 꼼꼼하게 볼 수 있는 눈이 생겼고, 중국 직구 사이트와 비교했을 때의 가격 차이도 당연히 이해되기 시작했다. 새삼 국내 도매처들이 참 고맙기까지 했다. 안 보이는 일들, 우리가 모르는 일들을 다 해내고, 제품 제공에 상세페이지까지 제공해 주고 있으니 말이다. 나처럼 전업이 아닌 부업으로 하거나 처음 시작하는 초보자 분들에겐 엄청난 혜택인 것이다.

난 나의 자리에서 그걸 잘 활용해 또 다른 유통 구조를 만드는 것이 더욱 현명하다고 느꼈다.

Smartstore Knowhow 25

뒤통수치는
경쟁 업체를 대하는 자세

내가 운영하는 스마트스토어가 어느 정도 궤도에 올라 매출도, 수익도 안정화되어 가고 있었다. 하루하루 늘어가는 매출에 재미를 느끼던 어느 날이었다. 나에겐 메인 제품이 10개 정도 있었는데 그중 한 제품이 주문 후 취소되고, 발송하면 취소되고, 배송 완료 직전에 단순 변심으로 반품되기가 며칠째이다. 한 고객은 아닌데 사유는 모두 단순 변심이라 좀 의아했지만 합리적 의심만 할 뿐 어찌할 수가 없었다.

그렇게 한 달여에 걸쳐 주문하고 반품하기가 계속되다 보니 어렵게 올라온 스토어가 순위권에서 조금 밀리기 시작했다. 5개월에 걸처 소형 키워드에서부터 자리 잡아, 지금은 대형 키워드로 검색해도 1페이지 상단에 자리 잡은 제품이었다.

이대로 노출에서 밀려났기에 너무 화가 났다. 단순 변심이라 금액적으로 손해는 없지만 스토어 지수에는 영향이 있어 매출에 지장이 생겼다. 그래도 어찌할 방법이 없어 알고도 당하는 신세로 속상해하고 있던 어느 날, 손 떨리게 하는 리뷰에 마음이 진정이 되질 않았다.

별 한 개는 이해한다. 마음에 안 들면 그럴 수 있는 것이다. 그런데 리뷰가 보고서 수준이다. 사진은 있는 대로 다 찍어서 흠집 내기를 제대로 해 놓은 리뷰였다. 그 어디에서도 이런 리뷰는 본 적이 없었다. 참고로 이 제품의 단가는 2만 원대이다. 그 가격대에서 20만 원 가치를 못 준다고 적어놨다.

이렇게 사진과 글자 수가 많으면 리뷰 상단에 상당 기간 자리하고 있음을 알고 공들여 적은 것은 경쟁 업체임이 틀림없었다. 경험상 실구매자들은 마음에 안 들면 별 한 개 주고 "사지 마세요", "마음에 안 들어요", "반품하고 싶지만 귀찮아서 그냥 써요" 등으로 마무리하지 리뷰에까지 공들이지는 않는다. 이렇게 리뷰를 적기 이전에 그냥 반품하고 만다. 아까운 시간 투자해서 채울 수 있는 글자 수를 다 채우지 않는다. 오히려 전화하는 편이 더 많다.

한편으로는 내 스토어가 경쟁 업체가 견제할 만큼 성장했구나 싶기도 하지만 화나는 것은 어찌할 수가 없었다. 무엇이 그리 마음에 안 드는지, 제품을 사용하기 힘들면 반품해 드리겠다고 연락해도 연락 두절이다. 다행이라면 구매자들이 읽어봐도 경쟁 업체의 리뷰인 것이 표가 나서 다행이다. 방법이 없으니 정신건강을 위해서라도 긍정적으로 생각하자라고 되뇌는 수밖에 없었다.

그리고 며칠 후, 내 순위를 확인하기 위해 검색하다가 깜짝 놀랐다. 그 제품과 똑같은 제품이 다른 업체의 스토어에 대표 이미지와 상품명이 거의 비슷하게 올라온 게 아닌가. 심지어 그 업체는 나보다 더 잘 팔고 있는 빅파워 업체였다. 등록한 날짜를 보니 내 스토어에서 이유 없는 주문 취소, 반품이 빈번할 때였다. 심지어 상세페이지 사진까지 절반 정도는 비슷한 것이었다. 나도 업체에서 받은 사진과 내 사진을 섞어서 만든 상세페이지라 뭐라 말할 수도 없었다.

혹시나 해서 거래하는 공급 업체에 문의했더니 업체에서는 그 스토어에는 그 제품을 제공하지 않았다고 했다. 사진도 쓰고 있더라고 알려주었고 그간의 일들도 얘기해 줬더니, 나의 심증이 심증만이 아니었음을 알게 되었다. 공급 업체도 제품을 직접 판매를 하는데, 한동안 단순 변심과 반품이 다른 때보다 늘었다고 한다. 공급 업체에서는 사진 사용 부분에 대해서 조치를 하겠다고 했다. 그런데 사진은 못쓰게 할 수는 있으나 판매를 못하게 할 수는 없다고 한다.

결국 판매는 혼자만 독점할 수 없고 정당한 판매라 그 부분은 포기하고 또 다른 제품을 찾아서 열심히 등록해 아쉬움을 달랬다. 공들인 제품이 미끄러지니 화나는 것은 사실이지만 온라인에서 이런 일은 비일비재하다. 멘탈 관리를 잘하고 새로운 제품을 찾아 계속 등록하면서 회전시킬 수밖에 없다. 어디든 쉬운 것은 없으니 말이다.

사실 그 업체에 똑같이 복수해주고 싶었다. 주문 후 취소하고, 반품하고, 별 한 개 평점 주고, 똑같이 리뷰에 보고서 쓰듯이 단점을 쭉 나열해서 되갚아 주고 싶었다. 그간 쌓아온 나의 노력을 이렇게 치사하게 무너뜨리려 한다고 생각하니 더욱 분했다.

그런데 생각해보니 내 아까운 시간을 써가며 그렇게 해봤자 내 힘만 빼는 일이었다. 서로 생채기 내는 데 에너지만 쓰고 기분만 상할 것 같았다. 다른 곳에 집중하기로 마음을 먹었다. 상대 업체를 견제하기보다 내 스토어에 집중하고, 또 다른 제품으로 승부를 걸면 되니 말이다.

커가는 과정 중 하나라 생각하고 견제가 들어올 만한 스토어가 되었다는 것에 오히려 기뻐하기로 했다. 검색도 안 되고 노출도 안 되는 스토어라면 이런 일도 일어나지 않았을 것이다. 긍정의 에너지로 빵빵 채우고 다시 상품을 등록했다. 몇 달간 숙련된 솜씨로 말이다.

Smartstore Knowhow 26

SNS 공동구매가
내게 준 깨달음

"아들~~. 인스타 어떻게 해? 그냥 가입하면 돼?"
"인스타는 왜?"
"엄마도 이제 인스타그램 하려고."

우연히 돌린 채널에서 '김미경의 유튜브 대학'이란 것을 보게 되고 호기심에 검색하다 가입을 했다.
포부와 취지가 너무 멋졌고 '딱김따'라고 '딱 1년만 김미경 따라 하기'를 한다는데, 들으면 왠지 진짜 달라질 것 같아 수강 신청을 하고 다른 강의들도 훑어보던 중 '인스타그램www.instagram.com' 관련 강의가 눈에 들어왔다. 그렇게 인스타그램에 가입하고 온라인의 세계로 한

발 더 나아가게 되었다.

내 주변에는 인스타그램을 하는 사람이 거의 없어서 나의 SNS는 '카카오톡'이 유일무이한 존재였는데, 인스타그램은 완전 신세계였다. 스마트스토어 제품 홍보도 가능하고, 서로 소통하며 공동구매의 준말인 '공구'라는 것도 할 수 있다고 한다. 관심사가 비슷한 사람들끼리 '팔로우Follow'를 하며 소통하는데 너무 재미가 있었다.

스마트스토어는 혼자만의 외로운 싸움이었는데, 인스타그램을 시작하니 비슷한 외로움과 고충을 가진 사람이 정말 많아서, 내 마음을 알아주고 서로 공감하니 위로가 되어 더없이 좋았다.

처음에 인스타그램 강의를 들었을 때는 여기서 내 스토어 제품을 홍보도 하고 판매까지 하면 좋겠다는 생각이 컸는데, 막상 시작하니 또 다른 세상이라 스토어 얘기며, 제품 얘기는 할 틈도 없고 소통하기에 바빴다. 같은 수업을 듣는 사람들끼리 정보 공유도 해가면서 선팔 맞팔이라는 것도 알게 되었고, 팔로워 수 늘리는데 재미를 붙여 한동안 제품 등록보다 인스타 선팔 맞팔에 더 매진하고 사진을 찍어 올리는데 정신이 팔려있었다.

아들이 늘 얘기했다.

"인스타 하는 사람 표 좀 내지 마."

"무슨 표?"

"어딜 가든 뭘 하든 사진부터 찍잖아."

그 정도로 인스타그램 매력에 푹 빠져 팔로워 수를 쭉쭉 늘려갔다. 스마트스토어를 하면서 사진 편집 기능은 이미 배웠던 터라 편집해서 올리고, 영상편집은 배워 가면서 또 올렸다. 그렇게 한 달 정도 지나니 팔로워가 900명 정도 되었다. 그때 1,000명이 되면 인스타 공구가 가능하다고 모집하는 피드를 보게 되었다.

"900명인데 곧 1,000명 되겠지? 일단 신청해 봐야겠다."
신청하고 모집하신 분께 당당하게 디엠 보냈다.
"저 지금은 900명이지만 공구 진행 전까지 1,000명 만들어 놓을게요. 잘 부탁드립니다. 저 공구할 수 있게 뽑아주세요."
며칠 후, DM이 왔다.
"선미 님, 같이 공구 한번 해봐요. 그런데 공구 경험이 전혀 없으셔서 강의는 한 번 들으셔야 할 거예요. 전반적으로 어떻게 진행하는지는 아셔야죠."
"네. 감사합니다."

온라인으로 뭘 하려면 소싱도, 제조도, 공구도, 강의가 정말 많다. 들을 것은 많지만 너무 설렜다. 내가 원하는 것들은 온라인에서 모두 듣고 배울 수 있으니 멋진 일이다. 이런 열심히 강의를 듣고 메모하고 공구 피드 올리는 방법, 예고 피드, 홍보 피드 만드는 방법 등을 모두 배워서 드디어 첫 공구를 오픈했다.

많이 떨렸다. 실시간 반응이라 결과는 아무도 모른다. 3일간 진행하는데 매출이 '0'일 때도 있으니 처음은 기대하지 말라고 했지만, 정말로 '0'이면 어쩌지 하는 걱정도 들었다.

피드를 올리고 첫날, 생각보다 매출이 괜찮았다. 3일 동안 공구를 진행한 결과, 스토어 매출과 비교하면 턱없이 적었지만 또 다른 파이프라인 같아서 기대도 되고 재미도 있었다. 소통하면서 판매하니 클레임도 적은 판매 방식이라 전혀 다른 새로운 경험이었다.

매출은 3일간 40만 원 정도 판매를 했다. 1,000 팔로워라는 것을 고려하면 상당히 많은 편이라고 했다. 하루 스토어 매출과 비슷했지만 나름의 매력이 있었다. 구매자에게 마감을 알려주어 사야만 할 것 같은, 심리를 자극하는 짧고 굵은 판매 방법도 나쁘지 않았다.

또한 이 행사를 통해 다양한 방법의 유통 경로와 제품들, 제조사들 그리고 벤더사들도 알게 되었다. 그렇게 여러 번 다양한 제품들로 공구 진행을 했다.

그런데 할 때마다 재미있었고 라이브 방송도 해보고 약간의 돈도 벌었지만, 오래 진행하다 보니 시간을 너무 많이 할애해야 했다.

인스타의 공구는 예고 피드를 만들어 시작 전부터 알려야 하고, 매일 두 번씩 아침 저녁으로 피드를 올려야 그나마 판매가 된다. 인스타그램은 시간이 지나면 노출이 현저히 떨어지기에 반복적으로 올려야만 효과가 있었다. 오전 시간에 보는 분들, 저녁 시간에 보는 분들이 서로 달라서이기 때문이다. 사진도 새로운 것으로 계속 찍어 올려야 하다 보니 공구 기간 내내 다른 일에는 집중할 수가 없었다.

3일간의 공구가 끝나고 나면 진이 빠져 며칠은 아무것도 하기 싫어졌다. 처음의 재미도 시간이 지나니 점점 덜 해졌다. 그리고 가장 중요한 것은 스마트스토어에 비해 시간과 노력 대비 성과와 마진율이 너무 적다는 것이었다.

그걸 인지하고는 더는 진행하지 않았지만 좋은 경험이었다. 본래 공구가 목적이 아니었기에 나의 본업인 스마트스토어에 다시 매진하기로 했다. 적은 시간을 할애해도 내가 더 잘하는 것은 역시 스마트스토어였다.

"집중하자. 집중!"

Smartstore Knowhow 27

얼떨결에
스마트스토어 도우미가 되다

"발주 확인은 어디서 해요?"
"상품 등록했는데 보이지 않아요."

인스타그램으로 소통하다 보니 공감대가 형성되는 인스타 친구들과 커뮤니티에서 대화도 하고, 소그룹으로 챌린지 하면서 서로의 많은 경험도 나눌 수 있었다. 그리고 스토어 관련해서 고민하는 분들도 많이 만나게 되었다.

이전까지는 내가 스토어를 운영하고 있다는 것을 아무도 몰랐다. 나는 스마트스토어를 운영하는 것을 이야기하지 않고 소통하고 있었다. 인스타는 홍보나 상업적 목적보다는 오로지 소통에 집중하고 싶었다. 하지만 그냥 지켜보고 모른 척하기에는 그 답답함을 너무나도 잘 알기에, 결국에는 공구와 인스타는 초보자지만 스마트스토어는 여러분들보다는 조금 더 경험이 많다고 이야기를 했다.

그렇게 몇몇 분들과 친분이 생겨 언니, 동생 하면서 지내다 보니 스마트스토어를 운영하고 싶어 하기도 하고, 운영하는데 일주일에 겨우 한 개만 판매한다고 고충을 털어놓는 분들도 있었다.

"사실, 제가 스마트스토어를 운영하고 있거든요. 좀 알려줄까요?"
"어머, 정말요?"
"네. 지금 고민하는 부분은 충분히 알려 드릴 수 있어요."
"그럼, 정말 고맙죠."
"등록했는데 노출도 안 되고 유입이 없어요. 왜 그런 걸까요?"

그때부터였다. 질문하고 알려주고, 심지어 잘못된 상품명을 내가 먼저 알려주기도 했다. 가장 많이 실수하는 부분은 첫 등록부터 내 상호를 제일 앞에 쓰고, 네이버에서 가장 지양하는 구매 혜택을 상품명에 쓰고, 특수문자까지 써버리는 것이었다. '무료배송', '1+1', '증정' 등 이런 혜택은 금기사항인데 쓰고 있었다. 노출조차 안 해줄 수도 있다는 것을 모르고서 말이다.

그다음으로 많이 하는 실수가 '특수문자' 사용이었다. 이렇게 눈에 보이고 나니 그냥 지나칠 수가 없어서 오지랖 버튼이 눌러지곤 했다.

"자신의 상호를 적고 싶은 건 이해하는데 그건 어느 정도 판매하고 인지도 올리고 나서 쓰세요. 검색해서 제품을 구매하는 시스템인데 내 상호를 누가 안다고 검색하겠어요."

"그래도 이렇게 써놔야 내 상호를 알릴 수 있지 않을까요?"

"아니요! 일단 판매가 돼야 내 상호를 알려요. 스토어명에 써 두는 건 진짜 의미 없어요. 검색이 안 되는데 써놔봤자 누가 볼까요? 과감히 버릴 건 버려야 해요. 노출해서 판매가 우선이에요. 꾸준히 판매되고 나면 저절로 상호는 알릴 수 있어요. 우선순위가 뭔지 꼭 생각하세요."

"네. 그럼 상호만 지우면 되는 거죠?"

"꼭 상호를 쓰시고 싶으시면 제일 앞에 쓰지 마시고 상품명 뒤쪽에 쓰세요. 앞쪽은 검색 우선순위 단어들을 쓰시고요."

원인을 알면 금방 고쳐지는데 원인을 모르고 전전긍긍하는 모습이 너무 안타까웠다. 본인 제품이 있는데도 스토어 판매는 못 하고 인스타 홍보만으로 판매를 유지하시는 분들이 꽤 있다는 사실에 놀라움을 금치 못했다.

인스타그램에서는 하루가 다르게 소통이 더 많아지고 팔로워가 늘어나기 시작했다. 내 피드에 스마트스토어의 관련 정보를 올리지는 않았지만, 질문에 답해주다 보니 더 많은 분들과 교류하게 되었다. 내가 알고 있는 것으로 도움을 주고, 공부했던 것이 여기서 빛을 발한다고 생각하니 흐뭇하고 뿌듯함이 느껴졌다.

처음 스마트스토어 공부를 할 때 막히는 것이 있으면 물어볼 곳이 없어서 며칠씩 블로그며, 카페를 뒤져가며 수정해나가던 그때가 생각났다. 그래서 더 열심히 대답해 주기도 했다. 그 답답한 심정은 겪어본 사람만이 알 것이다. 특히 주문이 들어왔는데 제품이 품절이거나, 주문 후 처리 과정을 모를 때는 마음이 조급해져서 앞이 노래지기까지 한다.

난 오랜 시간에 걸쳐 습득한 덕에 질문하면 바로바로 답해주니 그분들도 좋아하고 나도 신이 났다. 수입이 있어야만 보람된 게 아니었다. 오히려 감사 인사에 둘러싸이니 이렇게 뿌듯할 수가 없었다. 40대 중반의 나이에 남편과 아이들 말고도 나를 부르는 사람이 이렇게 많다니, 어느새 내가 이렇게 필요한 사람이 되었다는 사실에 가슴이 떨렸다. 아주 작은 공간에서 큰 공간으로 나온 듯한 기분이 들었다.

나도 사람들한테 도움 되는 것, 필요한 사람이 되는 것을 좋아하는 사람이었다.

 **알아두면 좋아요!**

스토어 상품명 작성 시 주의할 점

1 특수문자는 사용하지 말 것

2 ~st. ~스타일 등 유명 브랜드명을 쓰지 말 것

3 구매 혜택, 배송 관련 단어는 쓰지 말 것(1+1, 무료배송, 오늘 출발 등) 초보 스토어는 특히나 더더욱 금지

4 형용사 사용을 지양할 것

5 상품 설명보다 검색어 위주로 작성할 것

6 30~40자 내외로 작성(글자 수는 계속 변하는 중, 현재 시점에서 30자 내외 추천. 광고는 15자 내외 추천)

7 알려지지도 않은 내 스토어명을 제일 앞에 쓰지 말 것. 꼭 쓰고 싶다면 뒤쪽으로 배치할 것

Smartstore Knowhow 28
정보의 바다에서 헤매는 실버세대를 위하여

"옵션은 + - 50% 어쩌고저쩌고 뜨면서 상품 등록이 안 돼요."
"제품 정보고시가 어쩌고 하는데 이건 뭐예요?"
"대표 이미지 사이즈는 얼마로 해요?"

어쩌다 보니 요즘 나의 일과는 스마트스토어에 관련된 질문들로 하루를 시작한다. 자고 일어나면 다양한 질문들의 DM이 와있다. 대체로 상품 등록에 관련된 질문이 많았다.

나 : 옵션은 판매가에서 50%를 넘겨서 설정할 수 없어요. 판매가가 10,000원이면 옵션 가는 플러스든 마이너스든 50%인 5,000원 아래

로만 설정이 가능하다는 거예요.

상담자 : 옵션 넣는 제품이 5,000원보다 더 플러스해야 하는데 그러면 어떻게 해요?

나 : 판매가를 더 올리시고 판매가에 할인을 걸어서 실 구매가가 10,000원이 되게 맞추시면 옵션 설정을 하실 수 있어요. 그런데 옵션을 많이 넣지는 마세요. 기본 제품과 판매가 차이가 크게 나면 상품 상세페이지를 따로 만들어서 제품 분리하시는 게 좋아요.

상담자 : 그럼 리뷰도 분산되잖아요. 리뷰 많은 게 좋다고 해서 한 페이지에 리뷰를 많이 쌓고 싶거든요.

나 : 흠…. 리뷰도 좋지만 먼저 판매가 우선이에요. 네이버에서 원하는 틀이 있는데 거기에 벗어나서 억지로 만들어봤자 노출이 안 돼요. 노출되고 판매되면 리뷰는 저절로 쌓이게 되는데 리뷰를 위해서 노출 저하되는 제품 페이지를 만드는 것을 고집한다는 것은 모순이 아닐까요?

상담자 : 아, 그렇겠네요. 그럼 따로 올릴까요?

나 : 네. 특히나 제품군이 다르면 더더욱 따로 올리시고 차라리 상세페이지 하단에 '함께 사면 배송비 절약 상품'으로 링크를 추가하는 것을 권해 드려요.

가장 많이 질문받는 부분이 옵션 설정이다. 처음에는 판매가 기준으로 모두 설정되는데, 판매자는 판매가에서 할인을 걸어 할인가 설정을 한다. 그러면 구매자는 할인가로 구매를 할 수 있게 되고, 옵션 부분은 할인전 세팅한 판매가로 설정하면 된다. 여기에서 옵션이 하나인 경우는 괜찮지만, 여러 개의 옵션과 배송 부분까지 설정하다 보면 꼬여서 엉망이 되기 일쑤다.

사실 옵션이 많은 것을 스마트스토어에서는 선호하지 않는다. 단일 옵션을 권장하는데, 판매자로서는 한 페이지에서 많은 제품을 올려놓고 판매하고 싶어 하다 보니 옵션에 욕심내는 분들도 꽤 많다. 그러다 보니 옵션을 더 힘들어한다.

다양한 옵션과 설정은 상품을 등록하면서 몸으로 익히는 부분이라 설명할 때도 시간이 많이 소요된다. 생각보다 이런 기본적인 상품 등록에서 막히는 분들이 상당히 많았다.

그리고 온라인에 익숙하지 않은 50~60대 분들도 질문을 많이 하셨다.

"컴맹인데 등록할 수 있겠느냐?", "나도 해보고 싶은데 시작해 봐도 되겠느냐?", "용돈벌이라도 하고 싶어서 꼭 해보고 싶은데 사업자 등록은 어떻게 하느냐?" 등의 질문들도 받았다.

이렇게 스마트스토어를 운영하고 싶어 하시는 분들은 상당히 많은데, 하나하나 답해주다보면 그냥 등록만 하면 된다고 알고 있고, 간지러운 곳을 긁어줄 초보적인 정보는 턱없이 부족하다는 생각이 많이 들었다.

나 역시 처음 스마트스토어를 시작할 때를 생각해 보면 내가 원하는 포인트를 알려주는 곳을 찾지 못해 강의도 여러 개 듣고 시행착오도 많이 겪었으니, 특히 연세 있으신 분들은 정보검색까지 해가면서 무언가를 하려면 더욱 힘들 것이다.

"난 로그인이 제일 어렵더라, 뭘 하려고만 하면 로그인하라는데 그게 뭔지 알아야 말이지."

친정엄마의 말이 생각났다. 오지랖일지라도 내 시간을 투자해서라도 알려 드리고 싶은 욕구가 스멀스멀 올라왔다. 전전긍긍하실 것을 생각하면 내가 조금 힘들더라도 차라리 알려 드리고 마음 편하게 있고 싶었다.

지금도 질문 DM에 답을 쓰고 있다.
"네, 그건 제일 먼저 하실 게 뭐냐면요…."

MEMO

PART 3
날아 오르다

Smartstore Knowhow 29

재능기부로 탄생한 나의 부캐

"언니, 언니. 이렇게 알려주지 말고 아예 사람들을 모아서 한 번에 가르쳐 주는 건 어때? 강의료 조금만 받고 알려주면 듣는 사람들도 부담 없고 좋을 거 같은데."

소모임을 같이 하는 한 동생이 제안했다.

"내가? 어떻게? 실력이 되나?"

"언니! 충분해. 내가 언니한테 들어보니 다른 외부 강의보다 더 구체적이야. 초보자한테는 딱 맞아. 다른 강사분들은 자잘한 걸 물으면 그런 건 묻지 말고 직접 알아보라고 그런다는데?"

"그래? 그럼 답답하기는 하겠다. 근데 내가 잘 가르쳐 줄 수 있을까?"

"할 수 있지 그럼. 언니가 나한테 말해주는 것처럼 상세히 해주면 다들 엄청나게 도움이 될 거야. 들으면서 피드백도 해줄게."

그렇게 나의 스마트스토어 수업은 시작되었다. 연습과 경험을 위해 가깝게 지내던 인친분들을 대상으로 강의를 먼저 열기로 했다. 매출은 스마트스토어에서 부족하지 않게 올라오고 있었고, 경험을 나누고 방법을 알려주는 것만으로도 충분했기에, 기초적인 내용으로 4주간 진행할 커리큘럼을 재능기부로 진행했다.

수업 공지를 올리자 생각보다 연락이 많이 왔다. 금방 20명이 넘는 인원이 신청을 했다. 3일이 지나자 신청자가 100명이 넘었다. 120명이 되고는 공지를 내렸다. 원래는 인원이 적을 것이라고 예상하고 한 번에 수업을 진행하려고 했지만, 5그룹으로 나눈 뒤 2주간의 시차를 두고 수업을 진행하기로 변경하고 안내를 드렸다.

5그룹으로 나눈 이유는 '줌ZOOM, 화상회의 프로그램'으로 하는 강의라 한 번에 가능은 했지만, 한 분이라도 더 꼼꼼히 봐 드리고 싶었기 때문이었다. 혼자서 해버리는 일방적인 수업은 하고 싶지 않았다.

강의는 왕초보자 분들을 대상으로 했기에 스마트스토어를 시작 전인 분들, 공구 시 결제창으로 쓰고 싶어 하시는 분들, 등급을 올려서 라이브커머스를 하고 싶으신 분들, 위탁 판매로 운영하고 싶어 하시는 분들, 자신의 제품을 브랜딩하고 싶어 하시는 분 등등. 다양

가비야의 스마트스토어 초급반 커리큘럼

1 처음 만나는 스마트스토어

시작 시 준비서류, 사업자등록증, 통신판매업, 건강기능식품 교육, 온라인 도매처, 스마트스토어 장단점, 수수료, 등급, 위탁 등록을 위한 전반적인 내용

2 상품 등록하기 1

- 상품명 만들기(데이터랩, 네이버 광고 시스템 활용해서 네이버 검색에서 노출되는 상품명 조합하기)
- 판매가, 할인가 설정, 옵션 설정, 배송지 설정, 묶음 배송 설정, 오늘 출발 설정, 상품 정보제공 고시, 구매 혜택, 검색 설정

3 상품 등록하기 2

대표 이미지 만들기, 추가 이미지, 상세페이지, 미리캔버스 활용하기, 스토어 배너 만들고 꾸미기, 프로모션 이미지 만들기 등 스토어 전시의 전반적인 내용

4 네이버 광고 시스템에서 직접 광고하기

광고 세팅하기, 스마트스토어와 광고 시스템 연결하기, 광고 검색어 찾기, 네이버 광고 활용

한 분들의 요구에 맞춰 알려드렸다.

그러다 보니 내 실력과 경험치도 더 늘어났다. 잊고 있었던 경험들도 기억이 났고, 내가 겪어보지 못한 다양한 사례들도 듣게 되면서 어려워하는 포인트도 알게 되었다.

그분들은 의외로 간단하고 쉬운 것에서 많이들 어려워하셨다. 어디에도 나오지 않고 혼자 찾아야만 하는 것들이라 그런 것 같았다. 기본적인 내용들은 온라인에 익숙하고 잘 다루는 분들에겐 쉽지만, 특히 온라인과 오프라인의 끼인 세대인 40~60대 분들은 조금 더 어려워하셨다. 수업하다 보니 "이것도 몰라?" 소리를 들을까 봐 물어보지도 못하고, 그냥 포기하는 분들도 계셨다. 너무 안타까웠다.

수업을 끝난 후 후기를 받아보니 다들 너무너무 만족해하셨고, 다른 강의를 들었던 분도 계셨는데 거기서 다루지 않았던 부분까지 알려줘서 너무 좋았다고 하셨다.

상세페이지 작성 시 모바일 버전으로 놔두고 작성하는 것이라든지, 상품명 찾을 때 데이터랩에서 찾았던 것을 네이버 광고 시스템에서 찾고, 그다음 네이버에서 검색 후 상단 탭에 쇼핑이 앞쪽에 나오는 것을 확인하고 쓰라는 것이라든지 등등. 이런 내용은 다른 강의에서는 알려주지도 않았는데 너무 도움이 되었다고 또 다시 수업이 열리면 꼭 들을 것이라고 하셨다.

마음이 뿌듯했다. 그간 배우면서 실전에서 다져진 내 경험들이 이렇게 쓰이니, 스토어 판매에서 오는 기쁨과는 다른 가슴 벅찬 뜨거움이 올라왔다.

"언제든 편하게 질문하세요. 제가 바로 바로는 아니더라도 보는 대로 알려 드릴게요. 새벽이라도 괜찮으니 생각났을 때 질문 남겨두세요. 이따가 물어봐야지 하면 잊어요. 제가 알아서 알림음 설정해 둘 테니 그거 신경 쓰지 말고 남겨두면 보는 대로 알려 드릴게요."

전전긍긍하시는 모습들을 보니 절로 이 말이 튀어나왔다. 얼마나 답답하셨을까. 한 분 한 분 고충을 들어주고 알려 드리면서 나름의 사명감까지 생기게 되었다.

몇몇 지인들은 "재능기부라면서 그렇게까지 시간과 공을 들이냐", "넌 힘들게 배워놓고 왜 그걸 그냥 무료로 다 알려줘?" 등의 우려를 나타내기도 했지만, 알려 드리고 소통하다 보니 보람도 느끼고 무엇보다 가슴이 벅찼다. 나로 인해 달라져 가는 분들을 보니 더욱 열심히 알려 드리고 싶어졌다.

두 달여간을 함께 하면서 스토어 개설했다고 기뻐하시는 분, 새싹 등급이 돼서 라이브로 방송할 수 있게 됐다며 감사하다고 하시는 분, 상품 등록을 제대로 할 수 있게 된 것만 해도 엄청 감사하다고 하시는 분, 노출 안 되고 있었는데 수업을 듣고 상품명을 수정하고 나서 유입 판매되고 있다고 너무 좋다고 하시는 분 등. 이런 분들이 계셔서 더 열심히 해야겠다는 명분도 생겼다. 이때 함께한 분 중 '파워', '빅파워'가 되신 분들도 몇 분 계신다. 계속 소통하고 유지하면서 더 발전해 나가고 계시니 너무 행복하다.

스마트스토어만 파고들었지 '스마트스토어 강사'라는 부캐가 생길 것이라고는 꿈에도 생각해 본 적이 없었다. 그런데 이렇게 우연한 기회로 만들어진 나의 부캐 '스마트스토어 강사'는 나를 다시 태어나게 해주었다. 나도, 다른 분들도 함께 성장할 수 있기에 동반 성장의 가치를 발견하는 뿌듯함에 어깨를 들썩이게 했다.

"뜻이 있는 곳에 길이 있다."

옛말이 그르지 않았다. 이제 그간 갈고닦은 경험으로 스마트스토어에 대해 어려워하는 분들에게 온 마음을 다해 알려드려야겠다는 마음이 더욱 더 비장해지는 밤이다.

Smartstore Knowhow **30**

나만의 제품을 제작하다

위탁 판매로만 운영하다 보니 내 제품에 대한 갈망이 계속되었다. 여느 날과 다름없이 그 생각을 머릿속 한쪽에 하며 인스타그램 '좋아요'를 누르며 넘기고 있었다.

그런데 '맘에스밈 메가 콜라보 강의', '상위 1% 판매 비법', '퍼스널 브랜딩'이란 인스타 피드 광고에 관심이 생겼다. 상품 소싱이나 제조에 대해서도 알려줄 것 같아 무료 오리엔테이션을 듣고 나니, 나에게 필요한 적재적소의 강의 같았다. 제조에도 관심이 있었지만, 퍼스널 브랜딩에 관한 관심도 커지던 중이었다. 물론 부캐에 의한 영향이었지만 말이다.

내가 모르거나 부족한 부분은 도움을 받거나 투자해서라도 채워야 한다고 롭 무어Rob Moore의 책 『레버리지』에서 나온 내용이 생각나 망설임 없이 결제를 했다. 10주간 진행되는 두 가지 수업을 듣고 과제 수행을 하면서 하나하나 또 배워나갔다. 수업을 들으면서 '제조'에 대한 방법도 알게 되었다. 그러나 현실은 마땅한 제품을 찾지 못해 제자리걸음 중이었다.

그날도 어김없이 모닝커피로 하루를 시작하고 쫀드기를 씹으며 발주 확인을 하고 주문서를 넣던 중 이에 쫀드기가 끼여버렸다. 이 찝찝함을 빨리 해결하기 위해 가방 속에 늘 넣어 다니던 '이쑤시개'를 꺼내든 순간, 생각이 번뜩였다.

"앗, 이거다!"

일반 이쑤시개가 아니라서 이 브랜드가 아니면 쉽게 살 수 없었던 것이라 10년째 이 제품만 사용했다. 이와 이 사이 치실 기능을 가진 이쑤시개이다. 한 번 써보면 다른 이쑤시개는 사용할 수가 없을 정도로 좋아서 10여 년간 써왔던 제품이다. 그만큼 믿을 수 있는 제품이었다.

특히 나처럼 치아가 고르지 않으면 더 필요한 이쑤시개였다. 이 사이에 홈이 좁아서 일반 이쑤시개로는 해결이 어려웠으므로 이 제품만 써왔다. 벌떡 일어나 박스를 꺼냈다. 제조사 전화번호를 찾아 일단 전화부터 했다.

"안녕하세요. 스마트스토어 운영자인데 혹시 귀하의 제품 OEM을 하고 싶어서 연락드립니다. 가능할까요?"

"네, 가능합니다. 최소 발주 수량과 단가 확인해서 메일 드리겠습니다."

상담은 생각보다 쉽게 되었다. 행동해야 이루어진다는 것이 이런 것이었다. 생각만으로 될까 안될까를 고민하다가 그냥 넘어갔다면 이뤄지지 않았을 것이다. 예전에는 사실, 안 될 것이라는 생각을 전제로 연락하지 않았던 것도 있었다. 지금은 꼭 하고 싶다는 생각도 있었고 부캐에 충실해서 더 많은 경험을 알려주고 싶은 마음도 더해져 전화부터 할 수 있었다.

다음날 견적서가 도착했다. 최소 발주 수량은 1,500개였다. 예전에 알아봤던 '티백차'는 최소 일만 개부터 가능하다고 해서 포기를 했었는데, 거기에 비하면 1,500개는 적게 느껴졌다. 게다가 티백차는 유통기한도 있는데다 일만 개를 주문하기에는 너무 큰 부담이었다. 그에 비해 '이쑤시개'는 모든 것이 만족스러웠다. 유통기한도 없고 1,500개는 어떻게든 팔 수 있을 것 같았다. '안 팔리면 10년간 내가 쓰지'란 생각으로 발주를 했다.

브랜드를 '치아엔 가비야'로 정하고 디자인을 했다. 시안과 로고를 업체로 보낸 후 제품 도착하기를 기다리며 '마크인포markinfo.co.kr'

에서 상표등록도 했다. 상표등록 완료까지 1년 정도의 시간이 걸리기 때문에 미리 신청해두면 더 좋았겠지만, 확신이 없어서 미루다가 이때 같이 해버렸다.

이틀 뒤, 엄청나게 큰 박스 3개가 왔다. 내 브랜드를 단 첫 제품이 도착한 것이다. 박스가 그렇게 영롱해 보일 수도 있는지 그때 처음 알았다. 내 상표를 단, 나의 제품이 생겼다고 생각하며 떨리는 손으로 테이프를 뜯었다. 제품을 보는 순간 만감이 교차했다. 뭔가 해냈다는 성취감과 동시에 생각보다 많아서 '이걸 언제 다 팔지?'라는 걱정도 들었다. 그런데 다시 가만히 보고 있자면 든든해지기도 했다.

나는 첫 제품인 '이쑤시개'로 인스타그램에 홍보도 하고 체험단 모집도 하고, 라이브 방송의 경험이 있는 수강생분의 도움으로 서울 행복백화점 '라이브커머스센터'에 신청을 해서 처음으로 방송도 했다. 내가 직접 내 쇼핑몰의 쇼호스트가 된 것이다.

새벽부터 제품을 한 가방 챙겨서 쇼호스트 도전을 위해 서울로 출발했다. 함께한 시안 언니와의 라이브 방송은 대성공이었다. 그렇게 나의 첫 제품은 나와 함께 세상과 마주하고 나아가기 시작했다. 감회가 새로웠다. 위탁 판매부터 시작해서 다양한 경험들을 겪은 후 내 제품으로 나의 수강생분과 내 쇼핑몰에서 함께 라이브 방송도 하고, 내 상호를 단 제품이 전국으로 판매가 되니, 지난 일들이 주마등처럼 지나가면서 행복함에 눈시울이 붉어졌다.

Smartstore Knowhow 31

월 매출 2,000 달성, 벌어서 선물하는 기분이란!

"자기야. 반지 사줄게, 반지 맞추러 가자."

남편에게 반지를 사주고 싶었다.

"마음에 드는 거 골라. 멋진 걸로."

"금값이 올라서 비쌀 텐데."

"괜찮아~기념해야지. 금메달은 못 해도 반지는 해야지."

매출 2,000만 원!

순수익 500만 원!

스마트스토어 운영 1년여만의 결과다. 그 결과가 이렇게 나와주니 더없이 감사할 따름이다. 누군가에게는 적은 매출이라 생각될지도 모르겠지만 나에게는 더없이 값진 매출이다. 대량 등록 프로그램 사용부터 시작해서 위탁 판매와 OEM까지 쉬지 않고 달려왔다. 새벽까지 스토어 공부를 했고, 스마트스토어 강의를 시작했다. 땀과 노력은 배신하지 않는다는 말이 다시금 와닿았다.

 남편에게 선물을 해준 이유는, 나의 노력과 결과를 기억하고 싶기도 했지만, 묵묵히 지켜봐 주고 버팀목이 되어준 남편과 함께 차곡차곡 쌓아 올린, 스마트스토어 운영 1년을 기념하고 싶어서 이기도 했다.
 나이가 들다 보니 커플링을 안 한 지 오래라 각자 반지 말고 커플링으로 결정했다. 이것도 껴보고 저것도 껴보고 매장에 있는 반지를 모두 껴볼 태세로 둘러봤다. 손가락 치수를 재고 선금을 결제하고 나오는데 햇살이 어찌나 예쁘게 내리쬐는지, 내 마음만큼이나 따뜻하다. 스스로 노력해서 뭔가를 해줄 수 있음에 뿌듯했다.

 며칠 후, 매장에서 온 반지 도착 문자를 받고 한달음에 달려갔다. 반지를 찾아 계산하고 나오는데 어깨가 하늘로 올라갈 뻔했다. 어렸을 때는 부모님께 받는 게 당연하다 여겼고, 결혼해서는 남편이 벌어다 주는 것으로 생활하는 것을 당연하다고 생각하며 살아오다가, 직접 번 수익으로 선물을 해주니 받는 것보다 몇 배로 가슴이 뜨거워졌다. 내가 돈을 벌어서 선물하는 기분이 이런 것이었다.

누군가에게는 한낱 반지일 수도 있으나 나에게 이 반지는 희망이자 첫 발돋움의 결과물이다. 그래서 더욱 값지다. 전혀 알지 못하는 분야를 고시생처럼 몇 달을 파고들어 공부했다.

이제 나에게 질문하고 수업을 들었던 분들께도 외치고 싶다. 처음에는 힘들지만 포기하지 말고 방법을 찾아 계속해 나간다면 반드시 길이 열린다고 말이다. 그 증거물이 이 반지라며 눈앞에 들이밀고 싶다. 평범했던 아줌마가 이렇게 했노라고 말이다.

오늘 밤 유난히 더 반짝이는 나의 반지를 흐뭇하게 바라본다.

Smartstore Knowhow 32

100명이 신청한 첫 정규 수업

"죄송합니다. 마감입니다."

놀라운 일이 일어났다. 꿈인가 싶어 허벅지를 꼬집어봤다. 지인들의 요청으로 무료 클래스를 3개월간 진행한 후, 만족도가 높아서인지 소개도 많이 받았고 재수업 요청도 쇄도했다. '무료라서 그런 거겠지?'라고 생각하고 있었지만 그래도 용기 내어 유료 클래스를 오픈해 보기로 했다. 온라인으로 수업이 진행되기에 '줌'을 유료로 등록하고 온라인 강의로 사업자도 추가했다.

무언가를 새로이 시작하기 위해선 발로도 뛰지만, 더불어 가슴도 함께 뛰기에 나의 열정이 더욱 생생하게 느껴졌다. 재능기부로 강의를 할 때는 유료로 사용하고 계시는 분의 '줌'으로 호스트만 변경하고 사용했었는데, 이번에는 직접 결제하다 보니 줌 기능도 하나하나 제대로 익혀가야만 했다. '구글폼workspace.google.com' 작성법도 배웠다. 모르면 어렵고 알면 쉽다. 뭐든지 배워 가면서 해야 한다. 쉽게 되는 것은 없다.

 2주간 준비한 후 드디어 모집 피드도 완성했다. 주사위는 던져졌다. 결과 여부에 상관없이 최선을 다하리라 다짐하면서 "혹시 인원이 적어도 실망하지 말자"를 계속 중얼거렸다. 피드를 올리자 긴장되고 떨려 손에 식은땀이 났다. 구글폼을 확인하고 댓글 확인하며 온종일 인스타그램에서 살았다.
 '몇 분이나 신청했을까?'
 궁금해서 구글폼에 접속을 몇 번이나 들락날락했다. 신청자보다 내가 들어간 횟수가 더 많을 것 같았다. 30분 만에 첫 신청자가 계셨다. 그것도 모르는 분이 신청해 주셔서 신기하면서도 기쁨을 감출 수가 없었다.

 "가비야의 왕초보를 위한 스마트스토어를 신청해 주셔서 감사합니다. 정말 성심성의껏 제가 아는 것을 모두 알려 드릴게요. 인연이 되어 너무 기쁩니다."
 신청자를 확인할 때마다 메시지를 보내고 누락되지 않게 꼼꼼히 체크해 두었다.

첫째 날은 문의가 많아 응대만 하다가 하루가 다 지나갔다. 둘째 날은 생각보다 신청자가 많아서 놀랐다. 물론 초보자를 위한 강의라서 강의료가 저렴하다는 것 역시 한몫을 했겠지만, 아무리 소액이라도 필요 조건이 충족되지 않으면 신청하지 않았을 것이다.

그만큼 어깨가 살짝 무거워지기도 했지만, 최선을 다해 알려 드려야겠다는 다짐이 더욱 강해졌다. 잘 몰라서 헤매던 그 시간이 누구보다 적지 않았다고 생각하기에, 공감부터 실수한 부분까지 확실히 알려 드릴 자신이 있었다.

모집 3일째, 구글폼을 열었다가 심장마비 오는 줄 알았다. 스크롤을 계속 내려야 했다. 93, 94, 95, 95. 순간 오류가 아닌지 의심하면서 다시 확인을 했다. 중복되었거나 구글폼이 뭔가 잘못되었을 것이라 여기며 보고 또 봤다. 심장이 요동치는 데 진정이 되질 않았다. 물 한 모금 마시고 정신을 가다듬고 다시 확인해 봐도 똑같다. '세상에 이런 일'이 생긴 것이다.

얼른 모집 마감 피드부터 올렸다. 줌 회의가 100명 한정이라 더 신청하면 진행하기 어렵다고 판단하고 조기 마감을 했더니, 마감 후 몇 분에게서 더 문의 전화가 와 100명을 채웠다. 심지어 2기 수업을 기다리겠다고 선결제하고 기다린다고 하신 분도 계셨다. '10명도 모집 안 되면 어쩌지?' 하고 걱정했던 게 불과 3일 전인데 100명이라니, 믿을 수 없었지만 현실이었다.

"상상하면 현실이 된다"라는 문구가 떠오르면서 의지도 활활 불타올랐다. 얼굴도 본 적 없는 나를 믿고 신청해 주신 분들을 실망하게 할 수는 없기에, 100분에게 감사의 메시지와 수업에 관한 안내를 해 드렸다.

"원래는 주 1회로 예정되어 있었으나 신청자가 많은 관계로 두 타임으로 나눠서 수업할 예정입니다. 줌 접속 인원이 100명 제한이니 시간 되시는 분들은 두 타임 모두 들으셔도 됩니다. 같은 내용이지만 한 번 듣는 것보다 한 번 더 들으면 훨씬 도움이 되실 겁니다."

일주일에 한 타임, 1시간 30분 내외로 총 4주간 진행할 예정이었으나 조금이라도 더 혜택을 드리고자 오전 타임, 오후 타임으로 나누고, 요일도 다르게 해서 일주일에 두 번 진행하기로 했다. 비대면이다 보니 내가 해드릴 수 있는 최선은 많이 알려 드리는 것뿐이었다. 내가 할 수 있는 것은 모두 다 해드리고 싶었기에 처음 모집과는 달라졌지만 더 많은 혜택을 드리기로 했다.

그렇게 나의 첫 강의 '가비야의 왕초보를 위한 스마트스토어'는 성공적으로 진행되었다.

Smartstore Knowhow 33

스승의 날 받은 기프티콘, 그리고 다짐

1년 정도 수업을 진행하고 있었던 5월 15일.

"스승님, 감사합니다. 학교 선생님만 선생님인가요. 저에겐 선생님이 더 감사해요!"

감사 인사 문구와 함께 기프티콘이 도착했다. 매년 15일이면 학원 선생님들과 아이들 학습지 선생님께 드릴 선물을 챙기던 나였는데, 내가 스승의 날 감사하다고 선물을 받다니 형언할 수 없는 감동과 울림이 왔다.

1년 간의 수업 횟수로만 본다면 재능기부와 특강 포함, 100회 이상이 되어서 수업도 그리 겁내지 않고 익숙하게 반복적으로 하던 중, 다시금 돌아보는 계기가 되었던 '스승의 날 기프티콘'이었다. 자 첫 제자리에 있을 뻔했을지도 모를 나에게 미래를 열어준 의미 있는 선물이기도 하다.

그날 외에도 스마트스토어 수업을 진행하고부터 너무나 감사하게도 많은 선물과 기프티콘을 받았다. 직접 재배하시거나 제조하신 제품을 한 번 봐달라고 보내주시기도 하고, 사용 후기나 피드백을 위한 체험용으로도 많이 보내주신다.

"선생님, 이거 드셔보시고 냉정하게 알려주세요."
"선생님, 이거 사용해 보시고 어떤지 한번 봐주세요. 사입해 보고 싶은데 괜찮을까요?"

그렇게 받은 제품들을 감사히 먹고, 사용하면서 그분들의 간절함을 누구보다 잘 알기에 내 제품이라 생각하고 제품의 장단점을 냉정하게 분석해서 알려드렸다. 그러다 보면 감사하다고 자꾸 기프티콘을 보내주신다. 제품은 체험단 겸 피드백을 위해서 그렇다 치지만 기프티콘은 보내지 않으셔도 된다고, 언제든 편하게 질문하라고 했지만 마음이 안 편해서 그런가 보다.

수업 모집도 8기까지 진행하고 특강과 외부 커뮤니티 요청으로 여러 번 하다 보니, 질문에 있어서는 바로바로 답해 드릴 수 있게 되었다. 초보자 분들과 컴퓨터가 익숙하지 않은 40~60대 분들을 대상으로 하다 보니 겹치는 질문도 많았다. 오프라인으로 오래 하신 분들도 꽤 계셔서 제품군도 다양하고 판매 사례들도 많았다. 그래서 간접경험이 많아진 덕에 어지간한 질문은 바로 대답할 수 있었다.

또한 수강생분들의 제품이 내 제품이라 생각하고 함께 상세페이지를 연구하기도 하면서 스마트스토어 운영과 강의를 병행했다. 제품 판매 CS는 스트레스로 다가오기도 했지만, 수업 내용이나 스토어 관련 질문은 전혀 힘들지 않고 알려줄 수 있음에 즐거웠다. 오히려 알려주면서 나도 더 단단해지고 가끔은 에너지를 얻기도 했다. 같은 일들에 서로 공감하고 위로하면서 말이다.

"너무너무 감사합니다. 감동이에요. 이걸 어떻게 말로 표현할까마는 진짜 감사합니다. 더 열심히 공부해서 더욱더 알려 드리고 코칭 해드릴게요. 보답하는 건 그 길밖에 없는 거 같아요."

스승의 날인 오늘. 종일 감동의 여운이 가시질 않았다. 상상도 못했던 일이라 더욱 소중했다. 다른 날 받았던 기프티콘과는 많이 다르게 다가왔다. 익숙해진 수업에 편하게 진행하고 있었던 것은 아닌가 생각해 보게 되고, 조금이라도 더 드릴 수 있는 무언가를 찾아봐야겠다는 생각도 하게 만드는 선물이었다. '나의 가치와 발견'에 대해 생각해 볼 수 있는 하루를 함께 선물 받은 것이다.

Smartstore Knowhow 34

나도 이제 하루에 딱 4시간만 일하려고

오늘도 어김없이 모두 잠든 고요한 이 밤에 혼자만의 독서에 빠져있다. 스마트스토어의 기본 세팅을 알려주고 나니 부족한 부분들을 수강생분들보다 한발 먼저 공부해서 알려 줘야겠다는 생각에 시작한 독서였다.

독서량은 점점 더 늘어갔다. 특히 마케팅 관련 서적을 많이 읽고 있다. 마케팅은 심리와도 관련 있어서 심리 관련 서적과 동기부여가 되는 자기 계발서를 함께 읽어가며 차근차근 나의 실력을 쌓아가는 중이다.

"나도 4시간만 일하고 돈 벌고 싶어."

"하루 2~3시간 투자해서 수익 내고 자유롭게 살래."

누구나 원하고 바라는 바가 아닐까 싶다. 나 역시 그러고 싶어서 온라인의 문을 두드렸고 지금도 진행 중이다. 처음에는 조금만 하면 가능할 줄 알았다. '월 천만 원 벌기'가 유행처럼 각종 서적과 강의 등에서 엄청나게 나와 월 천은 그냥 쉽게 벌 줄 알았다.

그런데 들어가면 갈수록 함부로 덤빌 것은 아니었다. 여기저기서 너무 많이 쉽게 이룬 듯 홍보해서 '쉽다' 생각하고 덤비다가는 큰코다친다. 실전에서 겪어보고 많은 분의 사례를 본 바로는 '월 천 마케팅'에 낚인 것이다.

거짓은 아니나 쉽게 되는 일은 아니다. 그렇게 되기까지의 과정 중 초반에 갈고닦은 과정은 생략하거나 짧게 알려주고, 결과 중심으로 알려주다 보니, 짧은 기간에 달성 가능하다고 착각하게 만드는 것이다.

4시간만 일하고 안정적인 수익을 내기 위해서는, 4시간만 자더라도 안정적인 시스템의 구축을 위해 뼈를 깎는 노력이 필요하다. 정확한 목표와 여유를 가지고 어느 정도의 시간도 투자해야 한다. 빨리 성과를 내려면 나의 노력과 시간을 투자하든지, 아니면 많은 마케팅 비용을 써야 가능하다.

나는 처음부터 마케팅 비용을 투자하는 것은 무리라 판단해 시간

 **알아두면 좋아요!**

월 천만 원 벌기 위한 계획 세우기

1. 처음에는 백만 원 벌기부터 시작한다.
2. 그러기 위해서 월 백만 원을 목표로 잡고 일주일에 25만 원으로 쪼개어 목표를 잡는다.
3. 그런 다음 하루에 3~5만 원 수익 내기로 구체적이고 실천할 수 있는 목표를 정한다.
4. 최소 하루 3만 원 이상은 벌자 생각하고 제품 검색 및 내 스토어에 등록한다.
5. 내가 할 수 있는 광고와 인스타그램 블로그 등에 홍보한다.
6. 하루 3만 원은 무조건 번다 생각하고 움직인다.
7. 한 달 후 백만 원 달성.
8. 목표 금액을 좀 더 높인 후, 2~8번까지의 계획을 목표 금액에 맞게 월 천만 원이 될 때까지 반복하여 실행한다.

과 노력으로 계단처럼 밟아 올라가는 방법을 택했다. 작게 구체적으로 목표를 세우면 마음가짐부터 달라져, 한 단계씩 올라가기가 어렵지도 부담스럽지도 않게 된다. 그렇게 100만 원을 달성해 보고 나면 자신감이 생겨, 그다음은 200만 원, 또 그다음은 300만 원 이렇게 올라간다. 그러다 보면 당장은 아니라도 내가 설정한 기간에 혹은 조금 더 걸릴지도 모르지만, 어느 순간 월 천만 원이 가능해진다.

당장 월 천만 원을 목표로 하면 그 수치에 도달하지 못하니 힘들어진다. 첫술에 배부를 수 없음을 기억하고 몇 년 뒤 이루어져 있을 내 모습을 떠올리며 성급하지 않았으면 한다.

나와 함께한 수강생분들 중 이렇게 차근차근 밟아서 원하는 성과를 내고 더 큰 목표를 향해 나아가고 계신 분들이 꽤 많다. 중간중간 슬럼프도 왔지만, 함께 극복해 나가며 좌절하지 않고 계속 전진 중에 있다.

라이브 커머스로 자리 잡으신 분, 제조로 자리 잡으신 분, 제품 제조 업체와 바로 위탁하며 제품 제공해 주시는 분, 라이브나 제조로 강의하시는 분, 상세페이지 전문으로 디자인을 하고 관련 강의를 하시는 분 등. 다양하게 본인들만의 길을 찾았다.

이분들 역시 처음에는 아무것도 없이 시작하여 차근차근 밟아온 결과다. 계속하다 보니 자신의 능력과 내가 잘하고 좋아하는 부분을 찾게 된 것이다.

이렇게 한 방향으로 전진하다 보면 내가 스토어 운영에서 강의도 하게 되었듯이 자신에게 맞는 방법도 나오고 새로운 길도 나온다.

지금은 마음처럼 풀리지 않더라도 좌절하지 말고 나아가길 바란다. 나 역시 편안한 노후를 위해, 4시간만 일할 수 있는 그날을 위해 지금도 달리는 중이다. 새로운 분야의 도전도 이제 서슴지 않고 시작하는 힘도 생겼다.

이것이 작더라도 성공 경험의 힘이다.

Smartstore Knowhow 35

영업 중지된 스마트스토어를 되살리는 심폐소생술

"선생님! 늦은 시간에 정말 죄송한데 큰일 났어요."

시계를 보니 짧은 바늘이 '11'을 향해 가고 있었다.

"무슨 일 있으세요?"

전화기 너머로 다급함과 떨림이 느껴졌다.

"제가 제품을 하나 올린 것이 있는데 선생님 수업 듣고 혹시나 해서 봤더니 건강기능식품이더라고요. 확인도 안 하고 사업자만 있으면 올려도 되는 줄 알고 올렸지 뭐에요."

"언제 올렸어요?"

"어제요."

"판매는 하나도 안 된 거죠?"

"네."

"그럼 얼른 삭제하세요. 어제 올렸으면 노출도 안 되었을 테고 판매도 없었으니 지금 바로 제품 삭제하시면 괜찮아요. 놀라셨겠어요."

5초 정도 침묵이 흐른 후 아주 힘없는 목소리가 들렸다.

"그런데요. 제가 사고를 친 거 같아요. 선생님 수업 신청 전에 먼저 듣고 있던 스마트스토어 수업이 있었는데 당황해서 이 이야기를 하면서 이것저것 상담받는데 폐업 신고를 하고 사업자 없이 운영하라고 하더라고요. 그래서 홈택스에서 폐업 신고를 했어요. 그랬더니 스마트스토어가 바로 중지되어 버리더라고요."

"네? 폐업 신고요? 왜요?"

"그분 말씀이 사업자 없어도 스토어 운영이 가능하니까 폐업 신고를 하는 게 초보일 때는 세금 부분도 그렇고 여러 가지로 훨씬 낫다고 해서 그런가 싶어 바로 해버렸는데 스토어가 중지돼버렸어요. 어떡해요. 선생님과 수업하면서 제조한 제품도 노출되서 꽤 판매되었고 다음 달이면 새싹 등급이 된다고 좋아했었는데…. 새싹이 되면 라이브 방송할 거라고 준비도 다 해놨었어요."

순간 가슴이 먹먹했다. 계속 매출이 없다고 걱정하셔서 일주일을 봐 드리며, 키워드와 상세페이지를 바꾸고 광고 세팅까지 해서 이번 달 매출이 200만 원이 넘었다고 좋아하셨던 게 엊그제인데 안

타까웠다.

"사업자 없이도 가능한 건 맞는데 그건 처음 시작할 때 말이에요. 운영 중이던 스토어는 폐업 신고하면 당연히 바로 정지죠. 오프라인 가게도 정리 다 하고 마지막에 폐업 신고하잖아요. 사업자 없이 하는 건 탈세라서 엄밀히는 불법이에요. 스마트스토어도 처음부터 판매가 없는 초보자 분을 위해서 아주 소액 거래만 그렇게 해주는 거예요. 경험 삼아 체험해 보게 해주는 거예요. 일 년에 200만 원 미만 매출과 50건 이하 판매에 한해서만요. 공제받는 금액이 200 정도라 인정해 주는 거지 그거 넘어가면 사업자등록을 하라고 해요."

"그럼, 이제 스마트스토어를 못하나요?"

"못하는 건 아닌데 새로 사업자등록을 하시고요. 새로 개설해서야 해요. 원래 탈퇴하면 같은 명의로는 한 달 지나야 가능한데 사업자 변경으로 신청하시면 개설은 가능해요. 안타깝지만 다시 처음부터 쌓으셔야 해요. 걱정하지 마시고요. 앞에 했던 대로 다시 하시면 할 수 있어요. 제가 도와드릴게요."

"다시 두 달을 기다려야 라이브 방송을 할 수 있는 거네요. 그간 쌓은 리뷰도 너무 아까워요."

"네. 그 부분은 안타깝지만 받아들이셔야 해요. 시작 전에 이렇게 경험했으니 다행이다라고 생각하시고요. 더 자리 잡은 다음에 이렇게 되었다고 생각하면 더욱 아찔해요. 어차피 건강기능식품 제품도 걸리고 하니 처음 시작하는 마음으로 새로 세팅해서 다시 해봐요. 제가 홍보도 많이 해드릴게요. 힘내세요."

"너무 힘 빠지고 어이가 없어서 스토어 안 해버릴까 생각하다가 실례를 무릅쓰고 전화했어요. 용기 주셔서 감사해요. 다시 해볼게요."

"네. 힘들거나 막힐 때 꼭 연락해 주시고 잘 모르는 것을 하실 때는 꼭 먼저 물어보세요. 특히나 폐업 신고처럼 큰 일은 더더욱이요."

그렇게 다시 스마트스토어를 재신청하고 두 달 후에 라이브 방송에서 그분을 만날 수 있었다. 한층 밝아진 모습을 보니 스마트스토어 강사가 된 것이 우연이 아닌 필연이었던 것 같은 생각이 든다. 한 사람이라도 좌절하지 않고 나로 인해 다시 시작할 수 있었다는 것만으로도 내가 수업해야 하는 의미는 충분했다.

방송이 끝난 후 한 통의 문자가 왔다.

"선생님, 감사합니다. 선생님 덕에 오늘 방송할 수 있었어요. 정말로 포기하려고 했었거든요. 그때 너무 화나고 분해서…. 그런데 다시 할 수 있게 계속 힘을 실어 주시고 도와주셔서 오늘 방송은 잘 마쳤어요. 저한테는 그 어떤 분보다 선생님이 유일한 스승님이에요. 수강생 입장에 서서 차분하게 하나하나 다 얘기해 주신 유일한 분이세요. 정말 감사합니다."

이 문자 한통에 마음속 저 깊은 곳에서 뜨거운 무언가가 올라오고 있었다. 가슴은 왜 이리도 떨리는지 눈물이 핑 돌았다.

Smartstore Knowhow 36

성공에 다가서는 꿀팁

나는 성공한 사람일까?

갑자기 궁금해졌다.

성공의 기준은 누가 정하는 것이고 누가 인정해 주는 것일까? 정확한 기준점에 도달해야만 성공했노라 라고 말할 수 있을까? 지금 내가 목표를 향해 달려가고 있고, 그 목표지점에 한 걸음씩 다가가고 있다면 성공으로 가고 있는 것이니 충분히 잘하고 있다고 봐도 되지 않을까?

지금은 아주 작은 한 걸음이라 알 수 없을지라도 1년 뒤를 되돌아봤을 때 성장해 있다면 그만한 가치가 있다고 생각한다. 나 역시 스마트스토어를 처음 시작할 때는 지금의 내 모습을 상상도 못 했었다.

제발 하루에 한 개라도 주문이 들어오면 좋겠다는 아주 소박하지만 간절한 마음으로 시작했었다. 그걸 목표로 상품을 등록하다 보니 하루 한 개씩 주문이 들어오기 시작했다. 이것만으로도 처음 목표는 성공한 것이니 첫 성공의 기쁨을 만끽하면서 두 번째 목표를 정했다. 세 건 이상 주문 들어오는 날이 일주일에 3일이 목표였다. 미미하지만 정말로 소박하게 내가 할 수 있는 기준에서 목표를 정하고 그 목표 달성을 또 하나의 성공으로 자축했다.

조금씩 쌓아가는 그 순간은 힘도 들고 포기하고 싶을 때도 있었고 절망적인 순간도 있었다. 아무리 애써도 꼬이기 시작하는 날은 온종일 엉망이 되기도 했었다. 주문이 들어와서 발송하면 취소 요청이 들어와 낙담하기도 했고, 주소를 잘못 입력해 다른 곳으로 가버려서 물건이 행방불명되기도 했다. 그리고 이런 날은 꼭 머피의 법칙처럼 품절인 제품 주문도 함께 들어왔었다.

한 가지 에피소드를 말하자면, 주소가 연동되지 않고 직접 입력하던 초보자 시절에 'OOO길 OO' 이렇게 주소를 입력하면 주소지가 여러 개 뜨는데, 그때 잘못 클릭하면 엉뚱한 곳으로 가버리는 것이다. 그쪽 주소에 누가 사는지 연락처도 모르기에 제품을 반송해주지 않으면 못 찾는다. 놀랍게도 이때까지 반송 처리를 해주신 분은 단 한 분도 없었다. 그렇게 분실되는 제품들이 여러 번 있었다.

매출도 미미한 마당에 분실까지 하니 이런 실수를 하는 나 자신에게 화도 났지만, 몇 번의 경험을 하고 난 뒤에는 실수가 확연히 줄어들었다. 그것으로 위안 삼고 또 다른 실수들을 반복하고 나서야 안정권에 들어서게 되었다.

이렇게 작은 성공들이 쌓이다 보니 목표도 점점 커지고, 그 목표를 이루기 위해 하나하나 헤쳐 나가며 달리다 보니, 어느 순간 달라져 있는 내 모습이 보이기 시작했다. 매출도 늘어나고 내 브랜드를 단 제품도 만들게 되고 상표등록도 하고, 처음을 겪으면서 힘들어하는 분들을 도와줄 수 있는 강의도 하게 되었다.

지금은 온라인 사업을 처음 시작하는 분들을 위한 컨설팅도 진행하고 있다. 그리고 타 기관에서 오프라인 사장님들을 위한 멘토링도 의뢰 받아서 멘토 역할을 하며 나의 노하우도 나누고 있다. 실수해가며 작은 목표들을 차근차근 이뤄가며, 포기하지 않고 한 걸음씩 나아갔기에 지금의 내가 있을 수 있다고 감히 말해본다.

처음부터 크게 목표를 가진다면 포부는 크겠지만 현실의 벽에 부딪혀 좌절하는 순간이 많아짐을 기억하자. 조금씩 원하는 바를 향해 한 발 한 발 나아간다면 더 쉽게 갈 수 있을 것이라 생각한다.

최종 목적지는 멀지만 한 코스, 한 코스는 생각보다 멀지 않기 때문이다.

에필로그

스마트스토어로 얻은 것은 '돈'뿐만이 아니었다

살아가다 보면 지치고 힘들 때, 모든 것을 포기하고 싶은 순간이 자주 찾아온다. 특히나 무언가를 하려고 도전하고 그 도전을 실행하고 있을 때, 생각보다 결과가 늦거나 반응이 없으면 지치기 마련이다.

나 역시 이 과정을 지나쳐오며 수십 번의 슬럼프를 겪었고, 지금도 새로이 시작하거나 하다가 막힐 때 좌절도 하고 우울감에도 빠진다. 그런데도 계속 나아갈 수 있었던 것은 사막의 오아시스처럼 만나는 성과들이 있었기 때문이다. 이러한 성과 역시 계속 헤쳐 나갔기에 만날 수 있음이다.

대량 등록 프로그램도 일단 시도해 보니 생각과 달라 결국 삼 개월 만에 모두 지우게 되었지만, 일단 시도했기에 어려움을 만날 수 있었고, 그 외에도 각각의 과정을 도전할 때마다 시행착오도 겪었지만 시도하지 않았더라면 아무런 깨달음도 얻지 못했을 것이다. 그랬다면 아직도 난 그저 원래 내 일터인 익숙한 편의점에서 계속 눈 감고도 채울 매대를 채우고, 매장 정리나 계속 하고 있었을 것이다.

단순히 '월 천만 원, 나도 돈 좀 벌어볼까?'라는 생각으로 시작했지만, 스마트스토어는 나를 성장하게 해주었다. 그리고 많은 사람에게 필요한 존재가 될 수 있도록 해주었고, 세상을 좀 더 넓게 볼 수 있게 도와주었다.

특히 스마트스토어를 가르치면서 내가 열심히만 한다면, 내가 내 하루 페이지를 성실하게 채우기만 한다면, 내가 가진 재능으로 여러 가지 갈래의 길로 나아갈 수 있다는 것을 배웠다.

누군가는 나와 똑같은 방법으로 해도 '파워 등급', '스마트스토어 강사', '매출 2,000만 원' 등 이런 것들이 이루어지지 않을 수도 있다. 그래도 내 주위를 둘러보면 스토어를 오픈해서 위탁으로 판매만 하려고 하셨던 분이, 라이브 커머스로 대박이 나서 쇼호스트의 길을 걷기도 하고, 그 길을 가다가 강사로 자리 잡게 되기도 했고, 공구만 하다가 자신의 제품을 제조하고 판매량 넘쳐나는 메가 인플루언서가 되기도 했다. 이처럼 하루하루를 성실한 태도로 임한다면 어떤 길로든 성공하게 되는 것을 보았다.

성공 신화는 머나먼 이야기가 아니다. 남의 이야기일 것만 같지만 나의 이야기도 될 수 있다. 우리 모두 그 신화를 위해 저마다의 속도와 스텝으로 조금씩 나아가고 있는 것이다.

모두의 속도가 같을 수 없음을 기억하고, 쫓아가려다 지치지 말고 자신에게 맞는 속도로 설정한 목적지를 향해 꾸준히 달려 나가 보길 바란다. 가다가 휴게소도 들르고 가끔 삼천포로 빠져 다시 돌아오기도 하고, 길을 잃고 방황할 수도 있으나 포기하지만 않는다면 목적지로 갈 수 있다고 확신한다.

나 역시도 몇 년 혹은 10년 뒤가 될지도 모르는 '나의 성공 스토리'를 위해 이렇게 한 단계씩 밟아가며 또 나아가고 있다. 성공 신화가 많다는 것은 그만큼 가능성이 크다는 것이다. 경기가 어렵고 경제가 어려울수록 성공 신화도 많아지고 새로운 영역으로의 발돋움할 기회가 더 많음을 잊지 말자. 내 분야에 관한 공부와 열정만큼은 놓지 말고 나아가길 바란다.

자신만의 성공 신화를 꿈꾸며 살아갈 수 있다는 것이 얼마나 멋진 일인가? 상상만으로도 행복해지지 않은가? 멋진 나의 성공 신화를 위하여 오늘도 한 걸음 최선을 다해 보길 바라며, 화이팅을 외쳐 보자!

네이버 스마트스토어
월 수입 1,000만원 도전하기

초판 1쇄 발행 2023년 10월 25일
초판 2쇄 발행 2024년 03월 07일

글쓴이	남선미
펴낸이	김왕기
편집부	원선화, 김한솔
디자인	푸른영토 디자인실

펴낸곳	**㈜푸른영토**
주소	경기도 고양시 일산동구 장항동 865 코오롱레이크폴리스1차 A동 908호
전화	(대표)031-925-2327 팩스	031-925-2328
등록번호	제2005-24호(2005년 4월 15일)
홈페이지	www.blueterritory.com
전자우편	book@blueterritory.com

ISBN 979-11-92167-20-6 13190
ⓒ남선미, 2023

* 이 책은 저작권법에 따라 보호받는 저작물이므로 무단 전재와 복제를 금지합니다.
* 파본이나 잘못된 책은 구입하신 곳에서 바꾸어 드립니다.